MBA
EMPREENDEDOR

João Cristofolini

MBA EMPREENDEDOR

A nova escola do empreendedorismo

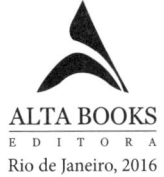

ALTA BOOKS
EDITORA
Rio de Janeiro, 2016

MBA Empreendedor — A nova escola do empreendedorismo
Copyright © 2016 da Starlin Alta Editora e Consultoria Eireli. ISBN: 978-85-508-0026-4

Todos os direitos estão reservados e protegidos por Lei. Nenhuma parte deste livro, sem autorização prévia por escrito da editora, poderá ser reproduzida ou transmitida. A violação dos Direitos Autorais é crime estabelecido na Lei nº 9.610/98 e com punição de acordo com o artigo 184 do Código Penal.

A editora não se responsabiliza pelo conteúdo da obra, formulada exclusivamente pelo(s) autor(es).

Marcas Registradas: Todos os termos mencionados e reconhecidos como Marca Registrada e/ou Comercial são de responsabilidade de seus proprietários. A editora informa não estar associada a nenhum produto e/ou fornecedor apresentado no livro.

Impresso no Brasil — 1ª Edição, 2016 - Edição revisada conforme o Acordo Ortográfico da Língua Portuguesa de 2009.

Obra disponível para venda corporativa e/ou personalizada. Para mais informações, fale com projetos@altabooks.com.br

Produção Editorial	**Gerência Editorial**	**Marketing Editorial**	**Gerência de Captação e Contratação de Obras**	**Vendas Atacado e Varejo**
Editora Alta Books	Anderson Vieira	Silas Amaro marketing@altabooks.com.br	J. A. Rugeri autoria@altabooks.com.br	Daniele Fonseca Viviane Paiva comercial@altabooks.com.br
Produtor Editorial Claudia Braga	**Supervisão de Qualidade Editorial** Sergio de Souza			
Produtor Editorial (Design) Aurélio Corrêa				**Ouvidoria** ouvidoria@altabooks.com.br

Equipe Editorial	Bianca Teodoro Christian Danniel	Juliana de Oliveira Luciane Gomes	Renan Castro Thiê Alves

Revisão Gramatical	**Layout e Diagramação**	**Capa**
Bárbara Azevedo	Luisa Gomes	Aurélio Corrêa

Erratas e arquivos de apoio: No site da editora relatamos, com a devida correção, qualquer erro encontrado em nossos livros, bem como disponibilizamos arquivos de apoio se aplicáveis à obra em questão.

Acesse o site www.altabooks.com.br e procure pelo título do livro desejado para ter acesso às erratas, aos arquivos de apoio e/ou a outros conteúdos aplicáveis à obra.

Suporte Técnico: A obra é comercializada na forma em que está, sem direito a suporte técnico ou orientação pessoal/exclusiva ao leitor.

Dados Internacionais de Catalogação na Publicação (CIP)
Vagner Rodolfo CRB-8/9410

C933m   Cristofolini, João

MBA Empreendedor: a nova escola do empreendedorismo / João Cristofolini. - Rio de Janeiro : Alta Books, 2016.
160 p. : il. ; 17cm x 24cm.

ISBN: 978-85-508-0026-4

1. Administração de empresas. 2. Empreendedorismo. 3. Inovação. 4. Negócios. I. Título.

CDD 658.42
CDU 65.016

Rua Viúva Cláudio, 291 — Bairro Industrial do Jacaré
CEP: 20970-031 — Rio de Janeiro - RJ
Tels.: (21) 3278-8069 / 3278-8419
www.altabooks.com.br — altabooks@altabooks.com.br
www.facebook.com/altabooks

Dedicatória

Dedico este livro a todos os empreendedores que já passaram por esta Terra, todos aqueles que já foram chamados de loucos, que superaram as diversas dificuldades que só quem já empreendeu conhece.

Em especial, ao meu avô Avelino Kuipers, que foi e continua sendo minha grande fonte de inspiração e referência para trilhar este caminho, um exemplo de empreendedor que aprendeu fazendo.

Sobre João Cristofolini

Aos 25 anos, João Cristofolini já lançou dois livros e mais de quatro empreendimentos. Inquieto e perspicaz, começou sua trajetória aos 21 anos, abandonando a faculdade para criar seu primeiro negócio, sem dinheiro. Firmou parceria com os maiores autores e gurus brasileiros das áreas de empreendedorismo, liderança, vendas, marketing, educação financeira, etc.

Hoje está à frente de empreendimentos nas áreas de educação, tecnologia, saúde e social, é palestrante, autor do livro *O Que a Escola Não nos Ensina*, consultor e está presente nas principais mídias brasileiras quando o assunto é empreendedorismo, inovação e educação.

Em 2015 recebeu o prêmio Ozires Silva, como destaque por fomentar o empreendedorismo no país.

Apaixonado por aprender, compartilhar e construir novos negócios de impacto. Há mais de 10 anos que vem conciliando leitura de diversos livros relacionados ao empreendedorismo e desenvolvimento pessoal com prática, em um processo de educação autodidata.

"Um dos mais articulados jovens empreendedores que conheci."
Prof. Alessandro Saade, empreendedor e autor.

Sumário

Introdução:

O que você precisa para iniciar um negócio? 1

   Crescer e alavancar seu negócio 2

Lição 01:

Modelo de culto ao sucesso e menosprezo ao fracasso 5

   Por que não existem super-heróis 7
   Por que é preciso errar? 8
   Meu exemplo 10
   Por que poucas pessoas seguem este caminho? 11
   Não aprendemos sobre empreendedorismo na escola 12

Lição 02:

Revolução do trabalho 13

   Primeira Fase 14
   Segunda Fase 14
   Novo Modelo 16
   Terceira Fase 18
   Pare de vender horas! 19
   Esqueça as malditas 8 horas de trabalhos 21
   Misturando lazer, tempo livre, estudo e trabalho 23
   O fim dos empregos 26
   Empregado × Empreendedor 28
   Porque não fomos ensinados a sermos empreendedores 29
   Vendendo horas de trabalho 30
   Profissional Contratado × Autônomo 31
   Empreendedor 31

Investidor 32
Empregado-Autônomo × Empreendedor-Investidor 32

Lição 03:
Há menos competição pelos objetivos maiores! 35

Lição 04:
Brasil como país para empreender 37

Lição 05:
Mito Empreendedor-Empregado × Empreendedor-Empreendedor 39

Lição 06:
Por que a criatividade será cada vez mais importante? 43

Reflexo destas mudanças 45
Cultura Empreendedora 46
Polos de Startups 46
Por que Israel se tornou referência em empreendedorismo? 48
O que falta para o Brasil formar mais empreendedores de sucesso? 48

Lição 07:
Como ter ideias (Fábrica de ideias) 51

Lembrando alguns conceitos básicos 51
Observe os problemas ao seu redor 52
Leituras de livros, revistas e sites de negócios 54
Contato com pessoas de sucesso 55
Busque diferentes lugares e conhecimentos 56

Lição 08:
Teve uma ideia ou insight? E agora? 57

Equipe e sócios 58
Validando seu Problema 60

1) Testando e validando sua ideia 61
Convertendo sua ideia em negócio 65
Construindo processos e sistemas 66
Redes de franquias 66
Plataformas online 68
2) Multiplicando a ideia 69
Busca por investidor 70
Por que um investidor-anjo apostaria em seu negócio? 71
Começando a Investir 71
Diversificando aplicações 72
Quando buscar um investidor 73
Como fiz minha primeira venda para um investidor 74
Fundos de Investimentos, Equity e IPO 77
Reinventando sempre (processo de invenção em empresas já consolidadas) 80

Lição 09:

Franquias 83

Como franquear seu negócio 83
Para o franqueado 87
Alguns termos comuns neste mercado: 88

Lição 10:

Marketing de Rede 91

Lição 11:

Negócios Digitais 97

Produzindo Conteúdo 99
Identificar o seu nicho e mercado 101
Posicionando-se como autoridade nesse mercado 102
Como produzir conteúdo: 104
Por que oferecer muito conteúdo gratuito? 105
Construindo sua lista de e-mail: 107
Criando os primeiros InfoProdutos: 109
Formatos de Infoprodutos: 111
Produtos de alto valor: 111

Afiliados: 112
Prestador de Serviços: 112
Observações 114
Entenda os diferentes caminhos para empreender 115

Lição 12:
O modelo de fazer negócios está mudando 117

Estamos preparados para a mudança? 118
Exemplos de inovação 118
Destrua seu próprio negócio 120
Economia Compartilhada 122

Lição 13:
Educação Financeira para Empreendedores 125

Cortando as despesas 125
Aluguel 127
Equipe 128
Investimento em Marketing 128
Crescimento 129
Pró-labore 129
Reinvestimento na empresa 129
Cortando custos sempre 130
Acompanhe a saúde financeira de sua empresa 130
Impostos 130
Seus contratos e o setor jurídico 131
Compras 131
Dívida boa e dívida ruim 132
Investimento do empreendedor em outras áreas 133

Lição 14:
Hora de colocar em prática 135

Prefácio

Por Anderson de Andrade

Uma das definições mais interessantes sobre empreendedorismo que aprendi no decorrer da minha carreira foi o mantra "empreender é fazer". Essa definição não veio da escola, da faculdade e nem das especializações. Aprendi o valor desse verbo na prática, ao conversar com um grande empreendedor, sonhador e realizador brasileiro: João Murad. Há quase duas décadas, em agosto de 2000, tive a honra de entrevistá-lo para um site de conteúdo que eu criara na época. Talvez você não tenha ligado o nome à pessoa, mas João Murad modelou um negócio para que nossas famílias voltassem à plenitude e à inocência da infância. Sob a persona de Beto Carrero, Murad transformou por completo minha visão de mundo naquele 8 de agosto. Tínhamos uma entrevista de quinze minutinhos que se estendeu por toda a tarde, esticamos para um jantar de negócios às oito e, de repente, percebemos que o papo já passara da meia-noite. Além de adicionar uma nova referência empreendedora à minha lista de gurus, quase obtive um investidor para meus projetos durante aquelas conversas.

Naturalmente você me pergunta: qual a relação dessa história com os temas abordados tão efusivamente pelo amigo João Cristofolini no livro *MBA Empreendedor*?

Quando Cristofolini me surpreendeu nos portões do aeroporto de Viracopos, uma das principais conexões no meu dia a dia de empreender entre São Paulo e Santa Catarina, vi que poderia contribuir com minhas reflexões e provocações. O convite para que eu fosse o abre alas da sua narrativa, expressando um pouco das nossas intersecções filosóficas sobre propósito nos negócios, foi irrecusável. Afinal, se o mago Beto Carrero me contagiou com seu espírito fazedor, nada mais natural do que aceitar esse chamado.

Nossas angústias são congruentes. Assim como Cristofolini, entendo os conceitos fundamentais da Administração pois tive a oportunidade de estudá-los durante minha formação com ótimos mestres. Mas o *gap* continua. Não há essência. Não há comunicação. Não há ligações claras da teoria e da prática. Não há reinvenções.

Bom, essa era a realidade até o momento em que este livro chegou às suas mãos.

Como empreendedor, investidor e líder educador, tenho aprendido e acompanhado muitas histórias de pessoas que sabem *fazer* a diferença nos seus contextos, nas pessoas, nos negócios e nos seus micro e macrouniversos. Esses fazedores não necessariamente tiveram as melhores escolas (alguns nem escolas frequentaram), mas isso não reduz a qualidade dos seus aprendizados pautados em valores humanos, em um forte desejo de vencer, de reaprender, de contribuir, de resolver problemas... De *fazer*.

De nada adianta modelos de ensino ultrapassados e cursos com ementas petrificadas. De fato, isso serve para muito pouco nos dias de hoje. As mudanças são uma constante eterna, fazendo com que permanecer olhando para o retrovisor seja um grande risco. Para sintetizar nas palavras de Heráclito, nossa única certeza é a mudança. Confrontamos um mundo novo, em que pessoas e organizações precisam se reinventar para continuarem existindo. O desafio é criar empresas que permitam que as pessoas sejam quem elas são de verdade, que possam viver seus valores e trabalharem nos seus próprios sonhos. Isso se dá por meio da colaboração e da cocriação. Uma cultura participativa é uma cultura de abundância, prosperidade e oportunidade.

Vivemos décadas e décadas de acomodação no passado, seguindo e repetindo padrões preestabelecidos. Questionamos muito pouco. Fizemos o mínimo. Mas esse ciclo está findando. A tecnologia e a interconexão global nos dão uma variedade de caminhos a escolher e trilhar.

Posso garantir a você que este livro é uma lente que tornará sua trajetória muito mais límpida. Lembre-se, porém, de apreciar o caminho no decorrer do seu desbravar—ele é deslumbrante.

Boa leitura, boa viagem e "bora" fazer.

Por Gustavo Caetano

Fundei a Samba Tech em 2008 depois de ter passado por uma experiência de rápido crescimento e declínio no meu negócio anterior, a Samba Mobile, empresa que montei quando ainda estava na faculdade com o intuito de resolver um único problema, não existiam jogos de celular disponíveis para compra nas operadoras.

Eu tinha meus 19 anos quando recebi o primeiro grande investimento da minha vida, na época 100 mil dólares, vindo de dois investidores anjos. Começamos a vender joguinhos para celular que trazíamos ao Brasil em parceria com um grande player europeu. Em 2006, primeiro ano de operação da empresa, fechamos contratos para distribuição dos games para 4 das 4 grandes operadoras de celular do país. O negócio parecia tão atrativo e fácil que um ano depois nós já vendíamos para quase todos os países da América do Sul através de escritórios em Buenos Aires, na Argentina e Santiago, no Chile. O crescimento era bem acima da média das empresas nascentes e nós nos sentíamos imbatíveis.

2006 havia sido um ano incrível e começávamos a pensar nas estratégias de crescimento para o próximo ano quando uma ligação nos surpreendeu. Uma grande operadora com sede no Rio estava nos chamando para uma reunião, queriam conversar sobre o contrato, que na época era baseado na divisão de receita em que tudo que se vendia era dividido igualmente para as partes (Operadora e Samba).

A conversa foi rápida e o final dela nos jogou no chão. Estavam revendo o contrato para 70/30 (Samba ficaria com a menor parte). Algo que se repetiu por quase todas as operadoras nos meses seguintes. Era um sinal claro de que o que havia nos levado até aquele ponto não nos levaria muito mais longe. Precisávamos reinventar nosso negócio depois de apenas dois anos de operação.

Ainda ganhávamos algum dinheiro e tivemos tempo para mudarmos o foco da empresa para streaming de vídeos. Entramos num mercado virgem e rapidamente conquistamos os principais grupos de mídia do país (Globo, SBT, Record, Abril, IG e Band). Novamente um crescimento rápido. Ficamos empolgados, agora tínhamos certeza de que estávamos no caminho certo. Queríamos acelerar mais. Só pensávamos em crescer, conquistar novos territórios, e, nos bastidores, sonhávamos em vender a empresa para algum grupo de tecnologia.

Estávamos em 2010 e nada parecia nos parar. Foi aí que em fevereiro daquele ano um grande grupo de tecnologia brasileiro nos procurou. Estavam interessados em comprar a Samba. Tudo que havíamos planejado. Nosso grande sonho viraria realidade. Contratamos uma empresa americana para buscar outros possíveis compradores. Em algumas semanas uma lista chegou ao meu e-mail com empresas globais que tinham interesse em conhecer nosso negócio a fundo.

Estávamos apresentando um crescimento rápido com tecnologia interessante. Mas a vontade de vender nos fez criar uma empresa sem alma, sem processos, sem governança, sem gestão. Era apenas uma carenagem bonita, mas com interior mal acabado. E isso ninguém quer. Todos os compradores desistiram.

Resolvi fazer uma viagem para São Francisco para arejar minha mente. Conversar com gente diferente e entender o que estava errado. Conversei com diversos empreendedores, alguns bem experientes. Gente que já havia levantado investimento, construído grandes empresas e também vendido alguns negócios. E tudo mudou na minha cabeça. Naquele momento entendi que a pressa para crescer e ser vendido nos levou a acreditar que a corrida era curta. Que precisávamos ser rápidos para chegar no fim, que era a venda. Isso nos fez tomar decisões pouco inteligentes, desde a contratação de pessoas que não tinham o DNA da empresa até deixar de lado a gestão e organização em prol do crescimento.

Foi aí que passei a pensar que focando em construir uma empresa de verdade, que pudesse se perpetuar, eu criaria um negócio sólido, com cultura, com crescimento sustentável, com gente que estava lá pelo sonho e não por dinheiro. Criamos nossas métricas, passamos a agir com transparência internamente e externamente. Cultivamos o relacionamento com clientes e focamos na estabilidade da nossa plataforma.

2013/2014 foram anos para repensarmos o negócio, os processos, as finanças, o marketing e também a maneira de vender. Aceleramos o crescimento depois disso só fazendo o que achávamos que seria sustentável e nos levaria a um novo patamar de empresa. Montamos um conselho consultivo com gente experiente que pudesse nos ajudar a criar um negócio de classe mundial.

Em 2016 a Samba já atua em 8 países e abriu seu escritório em Seattle, nos Estados Unidos. Levantamos uma terceira rodada de investimentos focados na expansão, contratamos gente para os escritórios de Belo Horizonte, São Paulo, Bogotá e Seattle. Desta vez buscando profissionais que acreditassem no nosso sonho e não apenas no dinheiro que recebem no final do mês.

Compartilho essa história, pois gostaria que alguém tivesse me contado sobre a maratona quando comecei. Às vezes recebemos estímulos errados da mídia que nos levam a crer que essa corrida é para velocistas, mas como diria Rocky Balboa: "não importa o quão forte você bate, mas o quanto consegue apanhar e continuar de pé".

Por Gustavo Tanaka

Tive contato com o primeiro livro do João Cristofolini *O Que a Escola Não nos Ensina* e me identifiquei muito. Eu sou administrador de empresas pela USP e não tive uma matéria sequer relacionada a empreendedorismo em minha formação. O modelo educacional nos prepara para sermos funcionários.

Eu senti isso na pele. Larguei o mundo corporativo para começar meus próprios negócios e vi o quão despreparado para empreender eu era.

Empreender é muito diferente de ser um bom funcionário. É preciso ter uma capacidade de se adaptar muito grande. Especialmente nesse momento onde o mundo está mudando muito.

Eu acredito que estamos nos dando conta que os modelos que criamos de emprego e empreendedorismo não nos servem mais.

Hoje são raras as pessoas que se sentem felizes e realizadas trabalhando em um emprego. Não se trata de um problema de "trabalhar para os outros". O buraco é mais embaixo. O problema é estrutural. Criamos um modelo que impede as pessoas de serem quem elas são de verdade, sendo apenas um cargo ou realizando uma única função. Eu acredito que o ser humano é muito mais que isso. E ser quem você é de verdade é a chave para uma vida boa. É impossível ser feliz de verdade se você não puder ser quem você é.

Mas se trabalhar para os outros não faz sentido, o natural é que todos sejamos empreendedores, certo? Mais ou menos. Eu sou um grande entusiasta do empreendedorismo, mas não no modelo tradicional. O mundo do empreendedorismo está mudando também.

Até pouco tempo atrás, o melhor empreendedor era aquele que tinha capacidade de fazer mais coisas. Porque empreender sozinho é muito difícil. É aquele lance de você cobrar escanteio e ir na área cabecear. Então quanto mais versátil fosse o empreendedor, mais chances de aguentar ele teria.

Mas hoje o mundo caminha em uma direção nova: a da colaboração.

Hoje o melhor empreendedor não é mais aquele CEO completo que vai sair na capa das revistas de negócios. Hoje é aquele que tem capacidade de fazer mais conexões, de formar alianças e parcerias, de empreender em rede ou em grupo. De se conectar a pessoas que sabem fazer o que ele não sabe. A colaboração é uma coisa nova para nós que fomos criados e educados para competir a vida toda. E por isso estamos começando a explorar novas formas de nos ajudar.

É preciso que a gente mude a nossa visão sobre o que é o empreendedorismo, o que é o sucesso e o que é educação.

É tudo uma questão de você poder se manifestar como você mesmo. De você ser quem você é de verdade.

Gustavo Tanaka
Autor do livro *11 Dias de Despertar* e cocriador
da Baobbá, uma Empresa Livre.

Introdução:
O que você precisa para iniciar um negócio?

Você gostaria de iniciar um negócio, mas não sabe o que ou como?

Tem medo e dúvidas sobre isso?

Eu sei muito bem como se sente, também já tive todas essas dúvidas e medos. Já iniciei alguns negócios do zero e ajudei a formar vários novos empreendedores. Um dos grandes equívocos de quem está começando um negócio é achar que ter uma ideia ou ter muito dinheiro é o mais importante. Errado, o empreendedor em si é o mais importante. Sua capacidade, preparação, inteligência emocional, comportamento e sua capacidade de execução serão os fatores diferenciais. O que não aprendemos na escola ou faculdade, mas ensinarei, ajudará nessa caminhada para formação como empreendedor.[1]

---

[1] Se tiver interesse em receber ainda mais informações sobre isso, acesse meu site: joaocristofolini.com.br (Iniciar um Negócio).

Crescer e alavancar seu negócio

Você já tem um negócio em funcionamento, mas está com dificuldades para fazê-lo crescer ou sente que precisa melhorá-lo em algum aspecto?

Começar um negócio não é tarefa fácil, mantê-lo e alavancá-lo menos ainda. A maioria dos negócios nos dias de hoje fecha nos primeiros anos de funcionamento por problemas em sua gestão.

Como disse, não fomos ensinados e preparados para isso, a realidade acadêmica e o mundo dos negócios é muito distante.

Algumas dúvidas que podem surgir, como fazer para:

- vender mais seu produto ou serviço.
- Posicionar o seu negócio como referência no seu segmento.
- Inovar no seu próprio negócio e mercado antes que um terceiro o faça.
- Escolher os melhores canais de expansão.

É para solucionar essas e muitas outras dúvidas de empreendedores que lhe ajudarei nessa caminhada para crescer e alavancar seu negócio.

"Ideal para quem quer iniciar um negócio ou já possui um e está com alguma dificuldade."

Você vai apreender o que nenhuma escola de administração ensinará sobre empreendedorismo. Afinal, isso se aprende na prática, ou ao menos com quem também já fez.

Tudo o que veremos aqui é fruto de prática e de conceitos que vivenciei no dia a dia de meus próprios empreendimentos.

Vamos abordar comportamento e os diferentes caminhos do empreendedorismo nos dias de hoje.

E claro, quebrar muitos paradigmas!

Introdução: O que você precisa para iniciar um negócio?

> "Empreender é, acima de tudo, um comportamento e uma forma de encarar problemas, transformando-os em oportunidades. Todo comportamento pode ser moldado e desenvolvido, mas é preciso estar disposto para isso".
>
> **João Cristofolini - Empresário, escritor.**

Antes de começar a ler esse livro, compartilhe com seus amigos que você está investindo em sua educação e crescimento, além de ajudar a inspirar ainda mais pessoas.

Tire uma foto sua com o livro (selfie), poste em suas redes sociais e use:

#mbaempreendedor

Lição 01:
Modelo de culto ao sucesso e menosprezo ao fracasso

Vivemos um período de grande euforia no empreendedorismo. Notícias de compras milionárias, ou melhor, bilionárias, de pequenas e recentes empresas por grandes corporações de tecnologia já viraram clichê.

Transações nunca vistas em nenhum outro momento da história, jovens bilionários da noite para o dia, fortuna, fama e celebridades.

Esse cenário não acontece somente nos negócios, mas também com jogadores de futebol, cantores, grupos musicais, atores, etc. Eles sempre passaram uma ideia equivocada de sucesso.

O que acontece com o jovem que ao ver na mídia pessoas da mesma idade que a sua se tornando bilionárias ao vender sua empresa com poucos anos de vida?

Ou outro jovem que vê alguém que saiu da favela se transformar em um famoso e milionário jogador de futebol?

Que tal aquele cara que gravou uma música absurda, colocou no Youtube, e ficou famoso?

Somos bombardeados diariamente por histórias assim, de aparente sucesso fácil, com pouco esforço e em pouco tempo.

Você já viu alguma reportagem ou livro de um cara que criou uma empresa e a fechou, de um menino que tinha um sonho de se tornar jogador de futebol, mas não conseguiu, ou de um músico que sonhava fazer shows por todo país, mas não conseguiu sair de seu bairro?

Essas histórias acontecem com uma frequência absurdamente maior do que as histórias de sucesso, mas a mídia, a literatura especializada e a sociedade, não falam sobre elas.

Onde está o problema nisso tudo?

Não estou querendo desanimar você que tem um sonho, menosprezar as histórias de quem conseguiu chegar lá, ou ainda dizer que tais histórias não podem servir como inspiração. Muito pelo contrário, sou altamente otimista e acredito no potencial de cada um, como veremos a seguir. Adoro histórias de pessoas de sucesso.

O grande problema é que a sociedade e a mídia acabaram rotulando um padrão de sucesso pouco comum no mundo real, e o pior, usando seu sensacionalismo para ficar ainda mais incrível.

Aquele mesmo jovem que falamos a pouco, que viu na mídia sobre um jovem bilionário que vendeu sua empresa, vai querer fazer igual. Montará sua empresa com o objetivo de ficar bilionário, mas no meio do caminho ele verá que aquele conto de fadas não parece tão simples assim. Problemas começam a acontecer, dificuldades, e o pior, a fortuna não veio tão rápido. O que ele faz? Desiste! Ele aparentemente está fora do padrão moldado pela sociedade, este jovem comete erros, falhas, seu produto não funciona tão bem como havia planejado, seu modelo de negócios talvez não seja o mais adequado, o canal de distribuição escolhido não foi o correto e etc. Como a mídia e a literatura não mostraram que aquele jovem bilionário que se tornou exemplo e inspiração para ele, também teve estes problemas, ou que antes de vender aquela empresa tinha iniciado outras três que não deram certo, a conclusão que ele chega é: "não sou bom nisso, não nasci para ser empreendedor, não sou um super-herói, meus amigos estavam certos, não deveria ter tentado isso, devia ter ficado no meu emprego, devia ter feito aquele concurso". E os "e se" e "deveria" não param. E você vai ouvir coisas como as que eu ouvi e sei o quão difícil é:

— Falei que isso não ia dar certo;

— Porque pensar tão grande;

— Volta para faculdade;

— Vai atrás de um emprego;

— Isso não é para você;

— Você não tem dinheiro;

— Você é um fracassado.

Agora a melhor parte, a boa notícia... é claro que esta história não acabaria assim. Após muita prática, erros, fracassos, estudos e convívio com pessoas de sucesso, vou revelar algo que poderá mudar sua vida, veremos tudo isso neste livro.

- Não existem super-heróis!
- A única diferença entre um empreendedor de sucesso e uma pessoa comum é que o primeiro arriscou, tentou mais e não desistiu tão cedo como o segundo.
- Nossa maior luta e obstáculo no caminho será em mudar este comportamento e desprezo, principalmente do brasileiro, com o erro.

Por que não existem super-heróis

Noventa e nove por cento das histórias de empreendedores de sucesso tiveram dificuldades e problemas que muitas vezes não se tornaram de conhecimento público. Steve Jobs falhou diversas vezes, a sua empresa teve diversos produtos que não foram sucesso, ele foi expulso de sua própria empresa, que quase faliu.

Cuidado com conselhos teóricos, por mais que você planeje um negócio, o futuro sempre será incerto, ninguém pode prevê-lo, e desconfie de quem acha ou fala que pode. Só existe uma forma totalmente segura de conclusão: pôr seu plano em prática.

Como nossa sociedade construiu uma prática de represão ao fracasso e culto ao sucesso, muitas pessoas pararam de tentar, pararam de fazer e desistiram de seus sonhos. E aqueles poucos que tentam e fazem, por mais simples que seja, são muitas vezes "irresponsáveis", e rotulados de super-heróis, quando na verdade tudo o que fizeram foi tentar mais do que os outros e não desistir tão cedo.

Portanto todos podem ser super-heróis, basta tentar, fazer, aprender sucessivamente e não desistir durante o processo.

Por que é preciso errar?

Você certamente já ouviu a citação de que "empreendedores veem oportunidade onde os outros veem problemas".

Se analisarmos esta descrição, a grande diferença entre empreendedores e os outros, ou entre uma oportunidade e um problema está apenas em um verbo, uma palavra: "ver".

ver |ê| - (latim *video, -ere*)
verbo transitivo

- Exercer o sentido da vista sobre.
- Olhar para.
- Presenciar, assistir.
- Avistar, enxergar.
- Encontrar, achar, reconhecer.
- Observar, notar, advertir.
- Reparar, tomar cuidado em.
- Imaginar, fantasiar.
- Calcular, supor; ponderar, inferir, deduzir.
- Prever.
- Visitar.
- Escolher.
- Percorrer.
- Provar.
- Conhecer.

O *ver*, neste sentido, está dentro de cada pessoa. Olhando a mesma situação uma pessoa vê problema enquanto outra vê oportunidade. Chegamos à conclusão que o objeto e a situação são os mesmos e a mudança está dentro de cada um. Assim como a beleza de um quadro não está na pintura e sim nos olhos de quem vê. O gosto da comida não está no alimento em si e sim no paladar de cada um, caso contrário o senso de beleza e de gosto seriam o mesmo para todos e sabemos que não é.

Lição 01: Modelo de culto ao sucesso e menosprezo ao fracasso

Fiz questão de falar sobre isso para chegar ao ponto principal da mensagem que quero passar a você. O erro ou fracasso, também não estão no ato em si, e sim na mente de quem o vê. O mesmo erro, fracasso, problema, quadro, a mesma comida, tudo vai mudar e alterar conforme o sujeito que está em tal situação. Ou seja, novamente o seu comportamento mental estará interligado com suas ações, resultados e sucesso. E para falar de comportamento mental, precisamos voltar à essência de onde ele começou a ser formado, afinal um padrão não surge de um dia para o outro, e sim de uma soma de acontecimentos. Vimos isto com maior profundidade em meu livro *O Que a Escola Não nos Ensina*. Rio de Janeiro: Alta Books, 2015. 272p.

Durante sua infância e adolescência você passou a maior parte de seu tempo em um processo de avaliação que reprime o erro. A repreensão ao erro e culto ao sucesso além da sala de aula, também é muito comum na maioria das famílias brasileiras. Sempre ouvimos:

- Errar é ruim
- Erre o menos que puder
- Quanto menos errar maior será sua nota
- Cuidado para não errar
- Se não souber não fale

O resultado disso, aquele que foi mau aluno e sempre errou corre o risco de se traumatizar com o processo do erro e o aluno que foi sempre o melhor da turma corre o grande risco de quando errar, ficar com um sentimento de culpa e fracasso achando que tem saber sempre tudo e não pode errar nunca, e consequentemente, desistirá quando algum erro ocorrer.

Os dois caminhos extremos são um problema, o que na verdade mostra que o meio escolar não prepara as pessoas para o mundo do empreendedorismo.

Mas não vamos nos aprofundar aqui na avaliação do processo educacional. Se ainda não leu, veja meu livro *O Que a Escola Não nos Ensina* para se aprofundar neste assunto.

O que precisamos ter em mente é que será necessário mudar a mentalidade adquirida. Este é o objetivo deste livro.

> *"O sucesso inspira, mas só o fracasso ensina."*
>
> *"Fracasso não é o oposto do sucesso, fracasso é o caminho para o sucesso."*
>
> *"Você não vai empreender para ter sucesso, vai empreender até ter sucesso."*

Meu exemplo

Para ilustrar com uma situação prática e não teórica, vou compartilhar com você uma de minhas próprias experiências. Quero que você entenda que problema ou dificuldade está na mente de quem vê e não na situação em si.

Na construção de meus empreendimentos passei por diversas situações com este enredo. A cada aparente dificuldade, alguém abandonou o barco. Já tive alguns sócios e a prática fez o processo de seleção natural de cada um deles. Como minha mente já estava condicionada para o processo de construção de um negócio onde cada aparente dificuldade era parte natural deste, simplesmente não conseguia enxergar aquilo como problema. Enquanto a maioria se desesperava e via diversos problemas, minha mente continuava serena enxergando uma ótima oportunidade de aprendizado e melhorias no projeto.

É claro que no dia a dia dói e que não é uma situação agradável. Mas pude de fato comprovar com a prática, que todo aparente problema foi uma grande oportunidade de crescimento, tanto pessoal como do próprio negócio.

Paro para pensar e vejo que aquele aparente problema, tão temido, foi fundamental para que conseguisse estar onde estou hoje. Aquela pessoa que saiu da empresa ou da sociedade, não estava na mesma sintonia e por isso não caminhou mais em conjunto. Aquele negócio que não deu certo foi para mostrar que o caminho que estávamos seguindo não era o mais apropriado. Aquele problema fez com que buscasse outras pessoas, outras possibilidades e com que estudasse ainda mais, colocasse cada vez mais meu lado criativo e minha capacidade para trabalhar.

O aparente "sucesso" moldado pela sociedade não lhe agrega valores. Ele alimenta seu ego e a sua soberba fazendo-o achar que já sabe tudo. Também faz com que se acomode e não explore ao máximo todas as possibilidades. Ele também limita sua mente, sua criatividade e capacidade.

Você verá, assim como eu tive esta grandiosa oportunidade e privilégio, que os aparentes fracassos são processos fundamentais para o seu aprimoramento. Faz refletir onde errou e onde poderia ter sido melhor. Preserva o sentimento e espírito de humildade entendendo que você não sabe nada perante o universo. Obriga-o a extrair o máximo de sua capacidade.

Que coisa fantástica! A alternância de aparentes sucessos com aparentes fracassos é a combinação perfeita no processo de desenvolvimento. O sucesso mostra que você está no caminho certo e lhe dá esperanças ao ponto de que quando ele se eleva demais, surge o fracasso para fazer você voltar a ter ainda mais sucesso e mais crescimento.

Este é o ciclo da vida, a diferença que algumas pessoas não entendem e não aceitam ao chegar no fundo do aparente fracasso e utilizam como desculpa em vez de aproveitá-lo para crescer ainda mais.

Portanto, não importa em qual fase você está agora, se estiver embaixo agradeça por esta oportunidade maravilhosa. Você está apenas colhendo o que plantou no passado e agora uma nova safra está começando. É sua oportunidade de plantar novidades hoje para que sua colheita de amanhã seja de melhores frutos.

E se você está em cima, comece desde já a não entrar na ilusiva acomodação do sucesso. Está na hora de fazer algo novo, de melhorar, de errar de novo, você precisa crescer e seguir o fluxo.

Por que poucas pessoas seguem este caminho?

Você já deve ter percebido o porquê de poucas pessoas escolherem o caminho do empreendedorismo comparado a um emprego tradicional. Ele não é fácil e dói, você vai ter que errar muito, e errar é doloroso.

Por que então escolher o caminho das pedras se posso ter uma vida tranquila e cômoda dentro de um emprego?

Confesso a você que com um olhar lógico e não emocional de quem já trilhou este caminho, não há respostas, apenas uma paixão e vontade inexplicáveis. Não adianta, não é papo furado, se não sente a adrenalina, motivação e paixão suficiente para seguir este caminho, não faça! Se seu objetivo é ter uma vida tranquila, estável, confortável, conseguir poupar um dinheirinho todo mês, ter uma casa, uma família e ponto final; você não precisa e não deve se submeter a isso. De fato, precisará de uma boa dose de irresponsabilidade e aventura na vida para escolher o caminho do empreendedorismo, se isto te motiva realmente, seja bem-vindo!

Não aprendemos sobre empreendedorismo na escola

Se apreender a empreender é fazer, errar e colocar a mão na massa, como uma aula e conceito teórico poderá formar um empreendedor? Empreendedorismo está muito mais ligado a comportamento do que conhecimento. Não que você não precise de conhecimento, muito pelo contrário, mas o comportamento talvez seja o principal alicerce de um empreendedor de sucesso, afinal conhecimento você busca ou compra, comportamento não.

E a escola tradicional não trabalha e molda comportamento, isso se aprende apenas no mundo real. O comportamento está ligado a sua forma de pensar, de ver e agir no mundo, a sua capacidade de se relacionar, a sua capacidade mental e emocional de superar problemas e obstáculos, sua automotivação, missão, razão e essência.

Sem isso, não existe conhecimento teórico que sustente. Imagine a construção de uma casa, se a estrutura não estiver rígida, sólida e bem alicerçada, não há tijolo que aguente. Por mais conhecimento técnico, teórico e habilidade que você tiver, se não trabalhar a estrutura de sua construção, mais cedo ou mais tarde, a casa cai, literalmente.

E é isso que vamos trabalhar!

Lição 02:
Revolução do trabalho

Para falar de empreendedorismo do século XXI é importante entendermos alguns conceitos históricos, muitas vezes não compreendidos pela maioria das pessoas, principalmente as que não estão dentro deste mundo empreendedor.

Somos orientados desde pequenos a ir para escola, tirar boas notas, conseguir entrar em uma boa universidade, para então alcançar um ótimo emprego com carteira assinada, bom salário, benefícios e estabilidade. A função aqui é o de menos, o que importa realmente é o título universitário e quanto ganhará no final do mês, de preferência com a menor quantidade de trabalho possível.

O resultado é uma grande quantidade de pessoas trabalhando no que não gosta e fazendo o que não queria, para conseguir no final do mês juntar dinheiro suficiente para manter sua vida. E claro, ter a segurança de que no início de cada mês seu dinheiro estará disponível na conta bancária, independente de crises ou problemas. Consequentemente, a visão mais comum será pessoas infelizes, insatisfeitas, tristes, deprimidas, doentes.

Esses pensamentos e comportamentos vêm de algumas gerações há séculos, onde o trabalho desde os tempos de escravidão e agricultura, teve o seu significado atrelado ao sofrimento, esforço, cansaço e suor.

Vamos dividir nosso estudo em três fases principais e recentes da evolução do trabalho.

Primeira Fase

A primeira antes do século XVIII quando tínhamos a maior parte da atividade econômica focada na agricultura. Grande parte da população vivia ainda no campo e o trabalho muitas vezes era feito em sua própria casa. Não havia a necessidade de se locomover até grandes centros porque a vida se dava em torno de sua pequena civilização e tudo o que precisava para viver já estava lá.

Junto com isso as atividades artesanais, produção de qualquer tipo de artefato, todo o processo de produção era feito pela mesma pessoa, do início ao fim. Com isso, logicamente, não existiam trabalhos e peças iguais, elas podiam ser totalmente personalizadas, afinal o trabalho seria o mesmo. Essas atividades, além serem de realizadas muitas vezes dentro de suas próprias casas, eram feitas no ritmo e no horário de melhor conveniência.

A educação formal era ainda muito baixa, os jovens e as crianças começavam a trabalhar muito cedo, junto com seus pais, e acabavam aprendendo também desde muito cedo. O trabalho e o aprendizado andavam juntos, na prática.

Segunda Fase

A segunda fase aconteceu após o século XVIII, principalmente no final dos anos de 1800 e início de 1900, com a fase industrial. Este processo que teve um período bastante curto comparado com seus anteriores, veremos que se desenvolveu em menos de 200 anos. Algo bastante curto quando falamos de séculos na história da humanidade.

Um dos seus principais ícones dessa época, o grande empreendedor Henry Ford, foi responsável por grandes transformações que ocorreram em função do modelo de produção em massa.

Ao contrário do modelo artesanal da fase anterior, Ford via a necessidade de ganhar escala e produzir em massa. O modelo de produção até então consistia basicamente na produção completa feita por uma única pessoa, em um processo totalmente manual. Na estrutura de produção em massa, grande parte do processo começou a ser automatizado e dividido em setores.

O conceito de emprego que conhecemos hoje surgiu da necessidade de mão de obra em escala para a operacionalização destas máquinas, com propostas de salário financeiro para seus funcionários.

Todo o processo de criação e pensamento nesta fase era feito pela cúpula da empresa, sua grande minoria, enquanto a grande massa representativa de trabalhadores ficava responsável pelo trabalho manual.

Como o trabalho foi divido em setores com o objetivo de ganhar ainda mais produtividade e eficiência, poderia existir, por exemplo, um setor responsável apenas por apertar parafusos. Nele os trabalhadores não tinham nenhum contato com as demais etapas da produção, pois sua única função era apertar o parafuso durante 10 a 15 horas por dia, ou mais, um atrás do outro, de forma interrupta.

O clássico slogan da Ford representava o conceito de produção. "Você poderia escolher qualquer cor, desde que fosse preta." Ou seja, não havia muitas opções, e sim um ou poucos modelos e padrões que eram produzidos em escala para ganhar eficiência e oferecidos ao mercado.

Primeiro se produzia para depois oferecer ao mercado. Veremos adiante uma mudança, um novo conceito de empreender em startup, totalmente diferente. Nesta época havia muito mais procura do que oferta, qualquer coisa que fosse produzida tinha mercado. As empresas não davam conta da demanda e os consumidores estavam famintos por consumir.

Antes da automatização da produção o trabalho dependia em grande parte do esforço manual e repetitivo, não era necessário pensar em nada e a mente ficava ociosa durante todo o tempo de trabalho.

Com a introdução do modelo industrial, tiveram início os movimentos sindicais, os benefícios trabalhistas e novas leis de apoio e incentivo ao trabalhador que provocaram mudanças em toda a sociedade.

- **Educação:** Ao contrário da fase anterior, a educação formal começou a ganhar ainda mais força e tornava-se necessário o treinamento de pessoal para desempenhar o trabalho dentro das fábricas. O modelo de apenas estudar durante uma fase da vida, para depois apenas trabalhar, começava a ser formado, iniciando a sequência clássica: "estudar, trabalhar e se aposentar".

- **Sincronia:** Como todo o processo de produção se dá em etapas e de forma bastante rápida, tornou-se necessário que todos tivessem dentro da fábrica no mesmo horário. Desse modo, começava a ser formado o horário tradicional de trabalho onde todos passam a entrar e sair em um determinado horário padrão.
- **Cidade:** A própria formação da cidade começou a seguir características próximas do processo industrial. Desenvolveram-se áreas industriais, residenciais, de comércio, de lazer e etc. Ou seja, significa que o trabalho, vida pessoal e vida social, começaram ser separados também geograficamente, diferente do que tínhamos nas civilizações agrícolas. Como consequência fez-se necessário o deslocamento de um ponto ao outro, fazendo surgir o sistema de transporte e o trânsito.
- **Aposentadoria:** Como na fase anterior grande parte da população que produzia o seu próprio alimento ou produto para consumo e para venda, dependia de seu trabalho durante toda a vida. Esta, por sua vez não prolongava-se por muito tempo. Com a expectativa de vida baixa, praticamente não existia o conceito de aposentadoria que começou a surgir também no processo industrial com o aumento da expectativa de vida, quando ao atingir a idade de 55 a 65 anos as pessoas paravam de trabalhar.
- **Desemprego:** Como não existia o conceito de emprego e sim trabalho, não existia consequentemente o termo desemprego. Este começou a ser usado na fase industrial, para quem de fato não estava empregado.
- **Ritmo de Trabalho:** Como o foco de produção era na quantidade (produção em massa), os funcionários passaram a adotar um ritmo frenético de trabalho e produção.
- **Centralização:** Uma grande quantidade de pessoas trabalhava na produção, desenvolvendo as atividades operacionais e uma pequena quantidade do alto escalão nas funções estratégicas e gerenciais da empresa.

Novo Modelo

Passamos da agricultura à revolução industrial, e agora?

Vimos que a fase industrial que tem muito de suas práticas e costumes ainda nos dias de hoje, originou-se no mercado automobilístico, com a produção em massa da Ford. Portanto, nada mais justo do que permitir que uma empresa do mesmo segmento, agora do outro lado do mundo, tivesse a honra de iniciar uma nova fase do empreendedorismo. Estamos falando da Toyota.

Confesso para você que não sou muito ligado em carros, mas tenho que admitir que além de ainda ser a maior atividade industrial mundial, foi responsável por duas importantes revoluções recentes de produção, e que impactou não só empresas e negócios, como a forma de viver.

Muitos dos conceitos que veremos a seguir como o avanço da internet, startups e negócios digitais, têm sua origem de modelo e concepção neste fato. Por isso fiz questão de aprofundarmos o estudo nesta análise histórica de forma a não enxergarmos apenas o conceito atual e o resultado, mas também a origem de tudo isso que estamos vivendo. Afinal, o processo de aprender sempre ocorreu em todas as épocas e provocou todas estas evoluções que seguirão por muitos séculos

Não vou me ater ao surgimento e história da Toyota, não é este o objetivo deste livro e também já existem ótimos materiais a respeito, mas sim ao fato de que foram pioneiros no conceito de produção enxuta, após a Segunda Guerra Mundial, e que vem cada vez mais sendo utilizado nos dias de hoje, por empresas de todas as áreas, principalmente em startups. Não só nas linhas de montagem de fábricas, mas também na prestação de serviços presenciais ou online.

A produção enxuta [1], ao contrário da industrial, usa menos esforço humano, menos espaço físico, menos tempo, menos estoque, menos retrabalho. Pessoas de diferentes perfis e características trabalham juntas, sem hierarquia, compartilhando ideias e opiniões. Ao contrário do modelo industrial que tinha clara divisão do trabalho operário e de sua linha gerencial, onde os primeiros apenas executavam e os segundos mandavam.

Todos participam do processo de geração e desenvolvimento de novas ideias para evitar que um erro ou opinião diferente de um outro setor aconteça e fazer com que esse seja detectado muito antes da produção em escala, evitando assim um enorme tempo de retrabalho. Qualquer problema ao ser

---

[1] Sistema de produção desenvolvido pela Toyota para diminuir o desperdício e aumentar a eficiência da produção. Adaptado e muito utilizado nos dias de hoje, por Eric Reis, para o desenvolvimento de startups, no conceito "The Lean Startup".

detectado por qualquer um, interrompe-se imediatamente toda produção a fim de corrigi-lo e evitá-lo nas próximas vezes.

Estas diferenças radicais no processo de produção e também no formato de trabalho resultou em um sistema produtivo desenvolvido em menor tempo, dentro de um ambiente físico menor, com menos defeitos, menos custos e mão de obra. Seguindo a tendência de utilizar novas tecnologias com menos trabalhadores, porém com um engajamento e comprometimento maior no processo e principalmente nas tomadas de decisão.

Terceira Fase

Entramos agora na era da informação automática, do conhecimento globalizado, dos bits e da internet, onde esforço físico e repetitivo não está mais necessariamente presente. Perceba a grande diferença do impacto que tivemos de todas as fases para esta atual.

Em todas as fases anteriores, apesar da mudança da escravidão para o trabalho no campo e deste para a indústria, o esforço físico sempre esteve presente. Mudou-se o local, e claro, algumas leis trabalhistas, mas o trabalho ainda dependia de grande parte da mão de obra, do suor, do cansaço, quanto mais trabalhava mais produzia. Receita e lucro estavam totalmente atrelados à quantidade de trabalho, afinal quanto maior o trabalho, maior era a produção.

Ao entrar na nova era da informação, tivemos uma mudança enorme do conceito, termo e forma de trabalho, algo jamais visto por nenhuma outra geração. Você tem ideia do impacto que uma mudança desta magnitude gera em centenas e milhares de anos e em diversas gerações? Como toda e qualquer mudança, leva tempo e tem barreiras.

Entramos em uma era onde, em muitas atividades, o esforço físico não possui mais nenhuma relação com o trabalho, onde o desempenho de um ofício não é mais sinônimo de sofrimento, as suas horas de atividade não estão mais relacionadas com receita e lucro para a empresa e sua localização física não interfere tanto no processo. As pessoas entretanto, possuem uma enorme resistência, natural do ser humano, em entenderem essa mudança e se adaptarem a ela.

Na era da informação e conhecimento, vimos que o trabalho físico é totalmente diferente do trabalho mental. Para a "produção" em um mundo de informações com o uso de sua mente, os cenários e formatos de trabalho não só podem como precisam ser diferentes para que de fato tenham um melhor resultado e produtividade.

Aqui o processo é totalmente contrário ao antigo e tradicional. Para gerar informação e conhecimento você verá que não poderá "trabalhar" o tempo todo, precisará dispensar tempo para de fato pensar. Verá que sua mente funciona em horários e frequências diferentes de outras pessoas, então a regra do horário comercial também não é mais válida neste novo processo. Verá que o local físico agitado e caótico não é nem um pouco adequado para este tipo de atividade, logo lugares alternativos, trabalhos realizados em casa ou até mesmo a milhares de quilômetros de sua cidade, são cada vez mais comuns.

Você consegue entender esse impacto?

A atividade de empreendedor na era da informação estará interligada com a mudança e entendimento destes conceitos.

Pare de vender horas!

Por que precisaremos passar por uma transformação total na quantidade de horas de trabalho?

Vimos que na fase 2 da revolução industrial e seu processo de produção em massa que quanto mais se trabalha, mais se produz, possibilitando um maior o faturamento para a empresa. O pagamento ao funcionalismo fica atrelado ao número de horas trabalhadas.

Como para produzir neste formato era preciso estar fisicamente dentro da empresa, os funcionários eram motivados a passar a maior quantidade de tempo possível dentro da companhia, incorporando assim um pensamento de que tal atitude era sinônimo de sucesso e comprometimento com a empresa.

Se já vimos e entendemos que o processo de trabalho mudou, que saímos da fase industrial para a fase pós-industrial, na qual estamos hoje, como seria possível que os horários de trabalho e sua remuneração se mantivessem a mesma deste modelo incorporado com fervor há séculos?

Mesmo que não exista a necessidade de passar tanto tempo hoje dentro dos tradicionais escritórios, o hábito do passado ainda está presente na cultura de trabalho atual, fazendo com que permaneçam muito mais tempo do que seria o necessário.

O processo de produção em massa acabou sendo substituído cada vez mais por processos automatizados que fazem o trabalho manual e burocrático, sendo uma grande fonte de trabalho nesta nova era a utilização de recuos criativos e intelectuais.

Estes recursos, ao contrário da produção em massa, não aumentam sua produtividade com o acréscimo do número de horas trabalhadas e com a quantidade de tempo dentro dos tradicionais escritórios.

Ao contrário, tais habilidades devem ser utilizadas em locais fora do ambiente de trabalho tradicional valorizando assim a mente criativa.

Além disso, pelo fato de terem que cumprir exatamente as 8 horas de trabalho diário, ou mais, tais funcionários que desenvolvem seu trabalho em quantidade suficiente muito menor do que esta, não passam o restante do tempo utilizando a sua criatividade, afinal não é desta forma que ela surge. Passam o tempo buscando mais trabalhos e procedimentos improdutivos, que mais atrapalham do que ajudam a empresa, por desejarem mostrar a seu superior que estão produzindo.

Pelo lado da empresa, além de sua produção atual não crescer em função desta quantidade de horas trabalhadas, passa a ter custos desnecessários com espaço, ar-condicionado, luz, telefone e até mesmo pessoas, além de ser uma grande desmotivação e desestímulo à tão almejada criatividade.

Isto quando tais trabalhos não são levados para casa, eliminando qualquer possibilidade de tempo disponível para seu lazer, criatividade, família e etc.

Perceba que uma redução da carga horária e do formato de trabalho atual, implicaria em menos custo para empresa, maior produtividade, mais inovação, felicidade e disposição para os funcionários, mais tempo para amigos, família, vida pessoal e social, o que muda todo o contexto da vida urbana.

Várias experiências já foram realizadas dentro de grandes empresas para avaliar o poder criativo de sua equipe. Um ponto bastante interessante, que é muito comum ainda, mesmo as empresas aparentemente modernas, que investem em ambientes de trabalho despojados, áreas de lazer, jardim e etc, não têm estas inovações utilizadas pela maioria dos funcionários. E a razão é quase sempre a mesma. Eles ainda possuem a impressão que não podem fazer uso dessas inovações durante seu horário de trabalho. E mesmo depois que a própria empresa comunica e esclarece que é permitido, não o fazem. Existe um bloqueio mental ainda muito forte associado ao velho conceito de trabalho, e será preciso ainda bastante tempo, exemplos e práticas que tornem possíveis tal mudança de comportamento.

Esqueça as malditas 8 horas de trabalhos

Você já viu que o modelo de trabalho atual foi criado no período da revolução industrial para aquele tipo de função e trabalho específico. Como seria possível que diferentes tipos de trabalhos, em diversas funções, segmentos, e períodos distintos, exigissem a mesma quantidade de horas de trabalho?

Quer saber a resposta? Eles não exigem a mesma quantidade de horas. O sistema de trabalho tradicional não define o número de horas necessário para cada uma destas variantes, e sim o contrário.

Como tradicionalmente empregados e empreendedores seguem o que foi estabelecido há mais de um século e pelo fato de a própria legislação incentivar tal formato, a rotina segue até alguém exigir mudanças.

Empregados nem sempre trabalham 8 horas por dia e empreendedores fingem acreditar isso ocorre.

Você não precisa necessariamente deste tempo todos os dias para que tenha ciência disto! A partir do momento que é estipulado uma quantidade de horas ou prazo para que você desenvolva tal atividade, inconscientemente você já se programa para preencher este tempo que terá disponível.

Mesmo que um funcionário precise fazer uma única coisa importante durante o dia e isto despenda apenas uma hora de seu dia, ele deverá cumprir as outras 7 horas. E para cumprir as outras horas, ele vai buscar ocupação. Afinal, é preciso mostrar que está trabalhando, caso contrário seu emprego seria desnecessário e você poderia ser demitido. Esta ideia equivocada de precisar trabalhar durante todo o horário é o principal estimulante para perda de foco, desperdício de tempo e trabalho.

Muito provavelmente você já deve ter vivenciado a experiência de ter entregue ou finalizado um trabalho, seja no ambiente profissional ou acadêmico em um prazo de tempo que jamais imaginou ser possível, pelo simples fato que este foi o prazo concedido para você. Se o mesmo trabalho tivesse sido proposto com o prazo duas vezes maior, você levaria duas vezes mais tempo, e assim sucessivamente.

Você provavelmente já deve ter ouvido falar do Princípio de 80/20 [2], que inicialmente foi criado e concedido para área econômica e em seguida amplamente utilizada em diversas outras áreas da vida. Em resumo, 80% de seus resultados são produzidos por 20% dos esforços, e esta mesma comparação vale para tudo. Alguns especialistas usam hoje percentuais ainda maiores como 90/10 ou 95/5, mas a regra é a mesma.

20% de seus clientes geram 80% do faturamento de sua empresa.

20% dos funcionários de uma empresa são responsáveis por 80% do faturamento de uma empresa.

20% de seu tempo é responsável pelos 80% das coisas mais importantes.

20% das pessoas no mundo possuem mais de 80% de sua riqueza.

20% dos investidores ganham 80% ou mais dos lucros na bolsa de valores.

Em resumo, você deve focar e priorizar apenas as 20% das coisas mais importantes e produtivas para você. Esqueça o resto, não queira completar com atividades, tempo e conversa o restante do percentual.

Se em seu dia você fizer apenas os 20% mais importantes já será múltiplas vezes mais eficiente e eficaz do que a grande maioria das pessoas.

Elimine as atividades e os clientes improdutivos, elimine o excesso e a gordura de seu dia.

---

[2] Princípio 80/20 ou Princípio de Pareto, criado por Vilfredo Pareto, muito utilizado nos dias de hoje para gestão de negócios e tempo.

Misturando lazer, tempo livre, estudo e trabalho

Com esta mudança da forma e horários de trabalho que estamos vivendo, será cada vez mais comum não haver divisões entre trabalho e tempo livre, já que o trabalho intelectual e criativo está interligado com estudo, leitura, lazer e tempo livre.

A velha cronologia que vimos na fase industrial e forte separação entre suas etapas serão cada vez menores. Passar uma grande fase da vida estudando, depois trabalhando grande parte do dia, com pequeno tempo pessoal, e um longo período de aposentadoria próximo aos 60 anos. Esqueça esta sequência!

De certa forma, estaremos sim retomando a antigos hábitos da fase 1, mas claro, com todas as tecnologias presentes. Casa e trabalho juntos. Pequenas empresas, porém agora trocando a matéria prima por bits de informação e interligando tudo por meio da internet.

O conceito de trabalho criado pela fase industrial, com separação entre casa e trabalho, grandes indústrias, grande produção, não existirá mais como vimos nas últimas gerações!

Trabalho em casa, estudo e trabalho interligados, não mais durante um único período de tempo, mas durante todo o processo da vida. O tempo livre passará a ser confundido com o trabalho, em um processo cada vez maior do uso da criatividade e do intelecto.

Com isso o próprio conceito de aposentadoria que estamos acostumados também poderá sofrer suas alterações. Como o trabalho deixará de ser um fardo, e o ser humano passa também a aproveitar a vida durante seu trabalho produtivo, não será necessário esperar a aposentadoria para fazer o que gosta e você continuará a trabalhar na aposentadoria, porque ela deixará de existir.

Passaremos a estudar, trabalhar, passear, viajar durante toda a nossa vida, e não unicamente em fases separadas.

As próprias férias tradicionais de 30 dias no final de cada ano também perdem seu sentido, já que o lazer e viagem estarão juntos ao trabalho e a vida pessoal.

Início e final de semana também começarão a ser confundidos, você pode produzir bastante em um final de semana e relaxar na segunda-feira, por exemplo, que diferença faz? Ou passar horas a fundo na noite e madrugada, quando há poucas interrupções do dia a dia, e folgar na manhã seguinte.

Precisamos de uma vez por todas entender a diferença entre o mundo mental e o mundo físico. Este último é responsável pelo esforço físico, movimento, suor, na qual grande parte dos trabalhos estava relacionada.

Perceba que no mundo físico há leis que regem este universo que são de origem de tempo e espaço, os parâmetros tradicionais do dia a dia. De forma que aos olhos é bastante fácil reconhecer, pois é material e de fácil compreensão. O mundo mental por sua vez, não possui limitações de tempo e espaço, é livre e plano, onde os olhos não conseguem enxergar.

É por isso que muitas pessoas ao verem alguém sem desempenhar esforço físico julgam pela imagem que não ela está trabalhando, porque não conseguem ver o que se passa na mente dela. Ela pode estar produzindo o início de uma inovação, um projeto, a resolução de um problema, o insight para um novo livro, uma solução para empresa e para o mundo. Mas isto somente será visível no momento que for de fato concretizado para o mundo físico, o que muitas vezes, dependendo da obra e realização, pode levar dias, meses ou vários anos.

Quando tal obra de fato é concretizada, a sociedade tradicional julga seu sucesso por uma mera sorte ou acaso. "Aquela pessoa que nada fazia, não trabalhava, conseguiu tamanho sucesso enquanto eu que trabalho dia e noite não", este é o pensamento mais comum.

É claro que há uma grande diferença entre o ócio criativo e o tempo totalmente improdutivo. A diferença não está no que é visível, no trabalho desempenhado ou no local. E sim no que se passa dentro daquela mente. Algumas pessoas por ainda desconhecerem tal ferramenta de trabalho, utilizam-na de forma vaga, imprópria ou sequer a utilizam.

Veja a quantidade de conteúdo criativo que existe hoje na internet, desenvolvida por jovens engenhosos, porém sem utilidade. Vídeos, imagens, piadas, músicas e tudo mais que você possa imaginar, uma obra original, mas sem nenhuma relevância para a evolução da sociedade e do ser humano.

Vamos precisar mais do que nunca, aprender e treinar o uso desta poderosa ferramenta que é a mente criativa. De forma a conciliar o lazer, a viagem, o tempo livre, com criatividade e novas ideias, este é o grande alicerce da nova fase pós-industrial que estamos vivendo.

A mente é uma ferramenta que funciona 24 h por dia, ao contrário de seu corpo que precisa descansar e dormir. Até mesmo quando você está dormindo ela está ativa. Não importa onde você esteja e o que estiver fazendo, ela estarás aí, a todo vapor.

Quebre todas as divisões, quebre os padrões moldados pela sociedade, todas as paredes, todas as etapas da vida, abra sua mente para uma nova forma de viver e trabalhar!

Esta já é a realidade de vida de muitas pessoas de sucesso e também pode ser a sua, isso já é possível e será cada vez mais.

Vivemos talvez no melhor momento da história da humanidade. As tecnologias permitem que você esteja sentado na praia da Tailândia em uma segunda-feira de manhã do mês de abril, por exemplo, produzindo com seu smartphone, Ipad ou notebook.

Para pessoas que ainda não estão preparadas e que não compreenderam o tamanho da mudança e o impacto deste formato de trabalho, quem utiliza esse novo padrão pode parecer um completo "desocupado". Já para aqueles mentalmente condicionados e abertos à mudança que vivemos, é um estilo de vida totalmente normal e que gera cada vez mais riqueza!

E é claro, enquanto continuarmos aprendendo sobre o modelo de gestão de Ford e Taylor na maioria das escolas e faculdades tradicionais de administração, dificilmente veremos resultados diferentes.

Jovens, que já vivem o mundo da fase 3 da era pós-industrial, estão aprendendo ainda técnicas do modelo industrial que funcionaram muito bem naquela época, e não mais hoje. Além de todo o ambiente escolar, as regras e ambientes tradicionais eram moldados nesse mesmo conceito, em um cenário ideal para a formação de ótimos empregados para o período industrial.

O fim dos empregos

Some tudo o que estamos vendo com o avanço cada vez mais acelerado da internet e da globalização. Principalmente após o ano 2.000, com a explosão de várias empresas ponto.com, diversas atividades foram passadas do tradicional ocidente para o oriente.

Thomas Fiedman, em seu belíssimo livro O Mundo é Plano (Ed. Objetiva), relata muito bem essa grande mudança do achatamento do mundo em uma superfície plana que está atingindo milhares de pessoas, empregos, empresas e culturas.

Por incrível que pareça uma crise, que foi a bolha das empresas de internet no ano 2000, contribuiu e muito para este avanço. Bill Gates já havia sido perguntado antes desta bolha de fato acontecer como avaliava isso e se temia de tal fato. Ele respondeu de forma categórica que poderia ser ruim para algumas empresas e investidores, mas seria ótimo para o mundo e para sociedade. Veja que fantástico, uma crise que aparentemente seria um problema se tornou uma grande oportunidade de crescimento, este é o pensamento ideal de empreendedores de sucesso!

E veremos a seguir que um dos pilares básicos para construção de um ambiente empreendedor é o acesso ao capital. O impacto que este excesso de capital gerou foi uma aceleração de anos ou até mesmo décadas na evolução da internet, e consequentemente de toda humanidade. Este grande volume de capital permitiu um investimento sem precedentes em inovação e criação de novas tecnologias, o que não seria possível sem este ambiente.

Por outro lado aquelas empresas que foram afetadas financeiramente tiveram um início com acontecimentos marcantes. Com menos acesso a recursos financeiros se viram obrigadas a diminuir custos, demitir pessoas e enxugar a empresa. A solução apresentada por muitos foi a terceirização de diversos tipos de serviços como ocorreu na Índia e países próximos. Estes países há anos já investiam pesado em educação e formação de pessoas para área de tecnologia, ciência, programação, somados a seu grande exército de habitantes e a um custo de mão de obra baixíssimo.

Além de constituir uma economia para as empresas americanas e europeias em grande parte, a descoberta de que milhares de trabalhos desenvolvidos em seus próprios países poderiam ser realizados a milhares de quilômetros de distância, por fração de valores, graças à internet e seu poder de globalização, gerou um grande impacto para milhões de trabalhadores.

Você consegue perceber esse impacto na sociedade?

Se eu abro minha empresa, aqui na cidade de Blumenau-SC, e preciso de designer, contador, programador, secretária, call center, um redator e dezenas de outros serviços, meu campo de trabalho não é mais apenas a minha cidade ou cidades próximas. Consequentemente, a concorrência destes profissionais de minha cidade não é mais apenas sobre os profissionais desta região, e sim entre pessoas de qualquer lugar do mundo. BILHÕES de pessoas da face da terra!

E o pior de tudo (para o empregado), a um custo que pode ser um ¼ do valor da minha região, com a mesma ou melhor qualidade. Uma concorrência desleal para uns, uma injustiça para outros, mas a grande realidade!

Este cenário se torna ainda mais preocupante para o Brasil que tem uma carga tributária e uma legislação trabalhista que torna praticamente inviável competir com esta realidade. A indústria brasileira já sofreu muito com isso devido à entrada de produtos fabricados com mão de obra barata vinda de países do oriente, e a atividade de prestação de serviços pode ser a próxima.

Com isso poderemos ter:

- Eliminação de milhares de empregos do período industrial;
- Automatização de diversos serviços manuais e burocráticos;
- Terceirização de serviços e atividades para países de qualquer lugar do mundo.

É por isso, que meu grande objetivo é incentivar e levar o empreendedorismo para o maior número de pessoas. Você verá, ou já está vendo, que o mito da segurança no emprego tradicional que tanto foi lhe ensinado, começa a se tornar duvidoso. E esta aparente segurança pode, em pouquíssimo tempo, se transformar em um grande risco para a economia de milhares de famílias.

Empregado × Empreendedor

O grande divisor de águas para a migração da função de empregado para empreendedor é o medo do risco, do incerto, do erro e do fracasso.

Muito se fala do risco em ser um empreendedor, principalmente em um país como o Brasil, mas vamos analisar alguns fatos.

Riscos que o empregado corre:

- Passar a vida trabalhando em uma área ou em uma empresa que não goste, convivendo com pessoas e com um chefe que não agrade.
- Ter que esperar de 30 a 35 anos para só na fase da aposentadoria fazer o que gosta.
- Depender do INSS em sua aposentadoria, com valores bastante abaixo de seu padrão de vida atual.
- Se contentar com um pequeno salário mensal e passar a vida trabalhando apenas para pagar suas contas.
- No melhor dos cenários, conseguir poupar uma pequena quantia, investir durante 30 anos, para poder colher os frutos.
- Depender da competência e atitude de outras pessoas para que a empresa continue sempre viva no mercado.
- Passar 30 anos em média de sua vida em uma mesma rotina, cumprindo sempre os mesmos horários e tarefas.
- Conseguir férias quando o chefe autorizar e não quando tiver necessidade.
- Pagar a maior taxa de impostos como empregado, tendo descontado automaticamente de seu salário.
- Ver seu trabalho ser substituído por alguma máquina, sistema ou pessoa do outro lado do mundo.

Você chama isso de segurança, qualidade de vida e tranquilidade?

Desculpe se toquei no ponto fraco, mas este é o setor mais perigoso, mais arriscado e mais cruel da sociedade: a classe média. Constituindo a grande maioria da população brasileira trabalhadora, é a que paga a maior taxa tributária, que mais trabalha, que menos ganha por hora de trabalho, que menos tem tempo para viver, a que tem o menor índice de felicidade e qualidade de vida e a que menos tem benefícios.

Digo mais, entre pertencer a classe baixa, classe média ou classe alta, a classe média é a pior de todas. Ela é que faz a roda da economia girar enquanto as outras duas possuem diversas vantagens.

A classe baixa que até hoje possuiu diversos programas de incentivo do governo, possuiu isenção de muita coisa, além de benefícios como o bolsa família, bolsa educação, bolsa emprego, seguro-desemprego, etc.

A classe alta, com dinheiro e educação financeira, faz o dinheiro trabalhar para ela e ainda consegue pagar menos impostos que a classe média, com inteligência financeira e estratégias tributárias, assessorados muitas vezes por grandes profissionais, contadores e advogados.

Em qual delas você quer estar?

Porque não fomos ensinados a sermos empreendedores

A grande maioria, assim como eu, foi treinada desde pequeno para pertencer a classe média, para ser empregado. O sistema precisa desta grande massa representativa para comprar passivos achando que são ativos, para investir milhares de reais na educação formal, movimentar a economia e principalmente o consumismo. Alguém tem que pagar a conta e infelizmente a maior parte dela é paga por esta classe.

Estamos todos dentro de um grande sistema, de uma grande indústria. A educação formal faz parte deste grande sistema. As pessoas que estão lá foram treinadas para fazerem seu papel. Então naturalmente, você vai ser treinado também para seguir as mesmas regras e o mesmo grupo.

Somente consegue ter um resultado diferente destes, aqueles que quebram o sistema, que não seguem o rebanho e se afastam do fluxo tradicional. E estes são considerados loucos e irresponsáveis.

Mas estes poucos loucos e irresponsáveis sabem que o maior risco que podem correr em sua vida é seguir o fluxo convencional. O resultado de quem segue este caminho é inevitavelmente o mesmo, já está traçado, com os mesmos resultados que a maioria tem. Se suas chances de alcançar este mesmo resultado é de 100% fazendo o mesmo, a partir do momento que você sai do fluxo e muda de rota, sua probabilidade passa pelo menos a ser de 50 a -50%. Você tem uma parte considerável de possibilidade de não chegar lá? Tem, é claro! Mas você tem uma outra parcela da esperança, que por menor que seja, existe! Ao contrário daqueles que seguem o fluxo. Logo conclui-se estatisticamente que é mais arriscado seguir o padrão.

Se optar por este caminho, advirto você desde já, prepare-se para reação de todos a seu redor. Se o ser humano já é por natureza avesso a mudanças, imagina querer mudar algo cultural de várias gerações. Esteja preparado para ser chamado de louco, de irresponsável e tudo o que possa imaginar. Afinal este não é o fluxo natural, e qualquer pessoa que estiver nele, vai defender com unhas e dentes o seu próprio mundo e sua própria visão. Só há uma forma de mudar ou quem sabe diminuir esta imagem negativa: na prática, gerando resultados. Como isso leva tempo, esteja com propósitos e objetivos muito claros, esteja preparado emocionalmente e espiritualmente para aguentar o tranco durante este processo. Digo por experiência que não é fácil, por isso que poucos seguem este caminho. Mas no final, é no mínimo divertido!

Vendendo horas de trabalho

Quando você escolhe seguir o fluxo e trabalhar como empregado, você estará literalmente vendendo suas horas de trabalho para alguém. Por padrão, grande parte da população trabalha em média de 40 a 44 horas semanais, ou de 160 a 176 horas mensais, considerando um mês com quatro semanas. Se considerarmos um salário médio mensal da população brasileira de 2 mil reais, quer dizer que você está ganhando de 11 a 12 reais por hora de trabalho.

O que você faz com este valor?

Profissional Contratado × Autônomo

Atualmente um profissional técnico ou prestador de serviço que ganha no mínimo R$50,00 por hora e trabalha apenas 2h por dia, ganha mais do que um contratado que trabalha 8h por dia.

Em meu livro *O Que a Escola Não nos Ensina* faço um cálculo geral do investimento feito pelo primeiro profissional durante sua educação formal em comparação com o investimento que o profissional técnico precisaria fazer. O resultado é surpreendente.

Neste comparativo temos dois tipos de ocupação diferentes, o empregado e o profissional autônomo. Mesmo que o segundo possa ganhar mais e/ou trabalhar menos do que o primeiro, este ainda precisa vender suas horas para ser remunerado. Se por acaso, este profissional ficar doente ou impossibilitado de trabalhar durante um mês, ficará sem receber durante todo este mês.

E mesmo aquele pequeno grupo de empregados que consegue se destacar dentro de seu tipo de atuação, tendo posições de destaque e cargos elevados, este será refém e escravo de seu trabalho. O trabalho depende deles, de suas horas trabalhadas e principalmente depende de muito esforço e estresse. Este profissional que atingiu um nível gerencial ou acima disso, mesmo tendo um rendimento mensal maior, terá uma rotina exaustiva. Horas a mais no trabalho, reuniões, viagens, conferências e uma série de eventos e rotinas malucas farão parte da vida dele. Para acompanhar este estilo de vida desenfreado, longe de casa e da família, automaticamente seu padrão de vida e de consumo tende a ser maior. Ou seja, ele ganha mais, trabalha mais, vive menos e gasta mais. Aquela promoção no trabalho que tanto almeja, não fará a mínima diferença em sua vida, pois todos estes outros fatores aumentarão proporcionalmente. Ele recebe 5 mil, 10 mil, 20 mil e seu custo de vida eleva nestes mesmos patamares, quando não mais.

Empreendedor

O próximo avanço na escala empregado autônomo seria o *empreendedor*. Aquele que vai desenvolver um produto ou serviço e não mais será remunerado por suas horas de trabalho e sim por suas vendas. Este vai construir o seu próprio sistema e fará os outros trabalharem para ele. Se ele precisar tirar férias no meio do ano, pagando muito menos, não haverá problema. Ele construiu um sistema que se desenvolve indiferente de sua presença física. Aqui não existem mais barreiras de tempo e espaço, seu negócio pode funcionar 24 horas por dia em diferentes países, gerando renda residual para seu bolso.

Investidor

Por último, e no mais evoluído dos padrões de trabalho, temos o *investidor*, aquele que vai unicamente investir seu dinheiro em novos negócios e outros ativos, que vai de fato fazer o dinheiro trabalhar para ele, sem nenhuma necessidade de sua presença física ou trabalho direto. Vai investir em novos empreendedores que estarão a frente de seus próprios negócios, com o objetivo de controlar sua gestão. Se o empreendedor já possui uma vida mais livre, o investidor passa a literalmente fazer o dinheiro trabalhar para ele.

Se quiser tirar 3 meses de férias sem nenhuma preocupação, não haverá problemas, o seu dinheiro continuará trabalhando para ele. Quanto mais dinheiro, quanto mais educação financeira, mais oportunidades aparecerão. Seu grande trabalho é escolher os investimentos inteligentes, em conjunto com sua renomada equipe de assessores e profissionais.

Empregado-Autônomo × Empreendedor-Investidor

Se você quer chegar ao patamar mais elevado, comece dando o primeiro passo, e a forma mais fácil de chegar até lá é através do empreendedorismo. Se você não nasceu em uma família milionária, se não ganhou na mega sena, não herdou uma grande herança, ou não se tornou um famoso jogador de futebol, o empreendedorismo é o caminho mais comum para chegar neste ponto. Este é o caminho da alta velocidade e alavancagem de seu patrimônio, da construção de riqueza com base em ideias e informações. Em nenhuma outra situação você terá a oportunidade de gerar uma renda suficiente para lhe manter na posição de investidor de forma rápida.

A não ser que você queira passar a vida toda trabalhando em seu emprego, poupando um pequeno valor todo mês e em sua aposentadoria se tornar um investidor. Algo totalmente viável de acordo com escolhas individuais que permeiam seus objetivos e prioridades de vida.

O ápice de um empreendedor é o momento da transição de sua posição para investidor, com o reconhecimento do mercado do valor de sua empresa e consequentemente a venda de parte dela ou sua totalidade. Neste momento, com dinheiro em caixa, muitos empreendedores passam a atuar como investidores, apostando em novos negócios.

Lição 03:
Há menos competição pelos objetivos maiores!

Quantas pessoas você acha que tentaram realizar uma palestra no maior auditório da cidade sobre um tema de empreendedorismo que estava em alta, em uma cidade de 300 mil habitantes? Não me recordo de nenhuma, ou ao menos não fui convidado, caso contrário, teria participado também.

Quantas vezes você acha que os principais autores e editores do Brasil, receberam um convite para transformar seus livros em curso?

Quantas pessoas você acha que chamaram o porteiro da casa de um grande empresário da região que acabara de vender sua empresa para iniciar uma proposta de investimento em uma startup de sua mesma área de expertise?

E quantos convidaram grandes especialistas para redigirem um pequeno texto e incluí-lo em seu livro?

Quantos currículos uma grande empresa deve receber?

Quantos você acha que participam de uma mesma prova de concurso?

Quantas pessoas concorrem por disputadas vagas em renomadas universidades a cada ano?

Outro exemplo...

Quantos homens você acha que tentaram iniciar uma conversa (decente) com a mulher mais bonita da festa?

O ser humano por ter sido educado e ensinado desde criança a pensar pequeno, a se achar inferior, criou um alto complexo de inferioridade e síndrome do medo. Falta confiança, sair da zona de conforto, vencer o medo e tentar, literalmente.

Isso mostra de fato que não basta ter conhecimento, ser o melhor, o mais capacitado, preparado, bonito, influente, o mais popular ou o mais forte. Em muitos dos casos que vimos acima, a primeira pessoa que tivesse feito, por pior que fosse, teria uma grande probabilidade de ter sucesso. Pois teria sido o único a tentar.

Você iria se surpreender com a possibilidade de coisas que pode e é capaz de fazer.

Seguir o fluxo, apesar de ser mais cômodo e aparentemente mais seguro e fácil, acaba sendo o caminho mais perigoso e difícil. Imagine duas estradas, uma sendo a estrada principal da cidade onde todos conhecem e seguem durante décadas, e outra que é uma nova estrada descoberta há pouco tempo para cortar um enorme caminho.

Qual delas você seguiria?

A maioria das pessoas optaria pela estrada tradicional, pois já conhecem o caminho, sabem que todos passaram por lá foram ensinadas a fazer isso, seus pais já faziam e etc. Como consequência pagam o preço de pegar um enorme congestionamento, batem o carro, chegam atrasado, ficam estressados e etc.

Veja o que diz Walt Disney sobre seguir o caminho não convencional: "Eu gosto do impossível, pois lá a concorrência é menor".

Mire no impossível, deixe o que é possível para grande parcela da população fazer, pois assim farão. Agora, o impossível com toda certeza terá uma quantidade muito menor de pessoas tentando.

É por isso que afirmo novamente, há menos competição pelos objetivos, sonhos e projetos maiores! Aproveite isso!

Lição 04:
Brasil como país para empreender

Muito me decepciona ouvir de pessoas que no Brasil nada dá certo, no Brasil nada funciona, que aqui não dá para empreender, etc.

O ser humano tem como costume reclamar do que é seu e desejar o que é do outro. O jovem brasileiro gostaria de ir para a Europa, o jovem da Europa gostaria de vir para o Brasil. Assim como quem mora na cidade gostaria de morar no campo ou na praia, quem mora no campo ou na praia gostaria de morar na cidade.

Não sou ingênuo de achar ou dizer que no Brasil não há nada a ser melhorado, tenho consciência de que a carga tributária é elevadíssima, que falta infraestrutura, que falta isso ou aquilo. Sim falta tudo isso e muito mais e é por isso que o Brasil é o país ideal para empreender!

Já não vimos que novos negócios se constroem de problemas e dificuldades e que seu objetivo é trazer uma solução para as pessoas ou empresas? Existem muito mais oportunidades em países subdesenvolvidos do que nos desenvolvidos. Não confunda onde você acharia melhor morar com onde seria melhor empreender, são duas coisas totalmente diferentes. Você gostaria de morar em um lugar onde tudo já funciona, onde tudo já foi feito, onde um empreendedor já desenvolveu diversas melhorias.

Nosso país tem pouco mais de 500 anos, enquanto outros possuem alguns milhares de anos a mais de história. Em pouco menos de um século não tínhamos quase nada do que temos hoje, enquanto em outros países tudo já havia sido construído.

Pare de uma vez por todas de reclamar e de achar culpados para sua vida, pegue sua lista de reclamações e críticas e comece a olhar como oportunidades de negócios.

Temos quase 200 milhões de potenciais clientes, um país imenso geograficamente, milhares de recursos naturais e uma população disposta a consumir e gastar.

É claro que se um economista for analisar a situação econômica, financeira e política do Brasil hoje, elencará uma série de problemas. Esta é sua função. Cabe ao empreendedor saber utilizar e aproveitar-se destas informações.

Canso de conhecer pessoas muito bem-sucedidas morando em outros países, mas investindo e empreendendo por aqui. Se alguém sai do Brasil, vai morar em outro país distante e continua investindo por aqui, é sinal de que algo de bom existe, não concorda?

No momento em que você está lendo este livro, milhares de brasileiros estão construindo negócios e ganhando muito dinheiro, enquanto que outros estão em casa reclamando de seu país. A escolha é sua.

Lição 05:

Mito Empreendedor-Empregado × Empreendedor-Empreendedor

É muito comum vermos histórias de pessoas que eram ótimos empregados e resolveram se tornar seus próprios patrões, com o objetivo de iniciar sua própria empresa.

Também muitos "especialistas", "consultores", "professores", recomendam em um processo de construção de um empreendimento, iniciar a atividade como empregado de uma empresa para depois com o conhecimento adquirido abrir sua própria empresa. Muito provavelmente você já deve ter ouvido falar disso, e não posso acreditar em coisa mais patética do que isso.

Já tive a experiência, mesmo que por um período pequeno, de ser empregado de uma organização e diversas outras como empreendedor. Posso afirmar com total convicção que o comportamento, pensamento, habilidades e recursos necessários são absolutamente diferentes entre os dois casos e que não possuem nenhuma correlação, muito pelo contrário, podem como veremos, atrapalhar muito mais do que ajudar.

O empregado tem como característica tradicional a especialização em uma determinada área ou atividade. Ele estuda, se dedica, trabalha e respira o ambiente correspondente a sua área de atividade, algo absolutamente natural. Enquanto um empreendedor respira, lê, vivencia, participa de um processo altamente genérico, quanto mais especialista ele for em uma área específica, maior será a defasagem nas outras áreas necessárias para a gestão do negócio.

É um processo proporcional, o empreendedor é uma pessoa só, e precisa de conhecimento e visão estratégica de todo o processo que envolve a empresa. É necessário aprender todas as habilidades ou mecanismos de uma empresa, vendas, comunicação, marketing, finanças, liderança, jurídico, contábil e etc.

É absolutamente comum seguir o processo e comportamento que somos ensinados e induzidos: entrar em uma boa empresa, em um bom emprego, e se tiver a sorte de possuir um perfil um pouco mais empreendedor pensar em um dia, que não se sabe quando, após trabalhar bastante em seu emprego, montar seu próprio negócio.

Até que esse belo dia chegue (quando chegar) ele então abrirá seu próprio negócio. Afinal, não faz sentido que o sujeito faça todo o trabalho "pesado" na empresa, seja o maior especialista da área, enquanto aquele seu patrão chato fica com todo o lucro, não parece justo. "O sujeito pensa então que se abrir sua própria empresa, vai poder ganhar muito mais."

Esse especialista então concretiza seu sonho, pede demissão, depois de muito pensar e planejar, e vai então atrás de seu próprio negócio.

O que você acha que acontecerá com esta pessoa?

Ele é um especialista, sabe muito sobre sua atividade, mas não entende nada sobre marketing, vendas, comunicação, finanças e jurídico. Como não tem dinheiro, vai dar um jeito de fazer sozinho, se é que vai fazer. A atividade principal, como ele é o especialista, não pode nem passar por sua cabeça que poderá ser desenvolvida por um terceiro, afinal ele é o especialista.

Resultado, o empreendedor-empregado, construiu um emprego para si, agora ele pode ser chamado de empresário, mas a empresa dependerá unicamente e 100% do tempo dele. Agora ele trabalhará e se incomodará muito mais e ganhando muito menos. A corrida que vimos acontecer no primeiro livro, para empregados que trabalham para pagar contas, é a mesma que acontece com milhares de pequenos empresários no Brasil que "compraram" um emprego.

Um empreendimento é uma empresa que não depende apenas da presença física e da atividade do seu dono para se sustentar, caso contrário, passa a ser um emprego convencional. Um empreendimento precisa conseguir não apenas andar com suas próprias pernas enquanto seu dono não está, mas principalmente ter a capacidade de crescer e evoluir mesmo sem ele. Este é o verdadeiro empreendimento.

E como faço para chegar neste ponto?

O primeiro passo será adotar o comportamento e preparação de empreendedor e não de empregado. Lembra que falei no início deste tópico que você não precisa ser o especialista da área e também não precisa ter trabalhado na empresa como empregado para construir sua própria empresa?

Você precisa desenvolver sua capacidade e habilidade de empreendedor, esqueça tudo que ouviu, viu ou passou como empregado. É por isso que não faço questão de frequentar universidades tradicionais, se somos ensinados a sermos empregados e meu objetivo é ser empreendedor, cujas habilidades de conhecimento são absolutamente diferentes, não há porque mesclar objetivos diferentes. Vai atrapalhar muito mais do que ajudar. Agora, tudo depende do caminho que você quer seguir.

Lembro de um dia quando um colega e *coach* me convidou para um negócio do ramo automotivo, e inconscientemente falei: "mas não entendo nada deste segmento, não entendo praticamente nada de carros". Quando ele respondeu: "João, você entende de negócios, eu quero um sócio e não um empregado". Depois de alguns segundos de reflexão compreendi na prática a real diferença entre ambos.

Quando você entra no mundo do empreendedorismo e começa a ver a vida como um empreendedor, passa a entender as habilidades necessárias para o desempenho desta função, você respira negócios e oportunidades, o que você não tem como empregado porque está em outra sintonia, outro tipo de pensamento em função da companhia.

O empreendedor que deixa de ser empregado ou especialista de sua própria empresa passa a não depender mais de trabalhos e atividades cotidianas, burocráticas ou mecânicas necessárias para o negócio. Quanto menos tempo o empreendedor puder se dedicar a este tipo de trabalho, mais tempo ele terá disponível para utilizar o seu maior patrimônio, sua mente, criatividade, imaginação, novas ideias.

E isso não é possível dentro de uma rotina robótica e burocrática, isso porque um empreendedor precisa ter tempo para pensar em seu negócio. Muitas pessoas, ainda oriundas dos antigos hábitos e conceitos sobre trabalho que vimos anteriormente, acham que o ócio é perda de tempo, que o fato de não estar na empresa durante todo o horário comercial caracteriza falta de trabalho, preguiça ou qualquer outra coisa do gênero. Como foram treinadas para serem empregadas e ganhar para tal atividade, muitas vezes por hora de trabalho, ainda cultivam os antigos hábitos culturais, não compreendem que alguém possa trabalhar, aparentemente, sem trabalhar, de fato.

Veja que frase sensacional do livro "O ócio criativo" (Ed. Sextante).

> "O futuro pertence a quem souber libertar-se da ideia tradicional do trabalho como obrigação ou dever e for capaz de apostar numa mistura de atividades, onde o trabalho se confundirá com o tempo livre, com o estudo e com o jogo. Enfim, o futuro é de quem exercitará o ócio criativo."

Lição 06:
Por que a criatividade será cada vez mais importante?

Muitos dos trabalhos já foram substituídos por máquinas e processos automatizados, muitos outros transferidos para países da Ásia e África, onde a mão de obra é muito mais barata, por enquanto. E aqueles poucos que ainda restam, utilizam cada vez menos o trabalho manual, sendo este desenvolvido por máquinas, e cada vez mais pelo trabalho intelectual. Temos uma proporção em que o trabalho manual diminui e o trabalho criativo aumenta.

O trabalho de automatização que começou com as atividades de mão de obra baixa, começam gradativamente a gerar soluções para níveis mais avançados, por isso a importância de entender este processo de mudança e se adaptar ao ambiente, enquanto houver tempo. Ou você será um grande candidato a estar na fila de desempregados.

As máquinas por mais tecnologias que possam apresentar, não serão capazes de substituir o processo criativo do ser humano, ao contrário do trabalho manual. Novamente, é por isso que o empreendedorismo, ligado à criatividade, é uma atividade em grande crescimento no Brasil hoje ainda por oportunidades, enquanto que em países desenvolvidos é por necessidade.

O Brasil ainda está, como todos sabemos, alguns anos – luz atrás de países desenvolvidos, principalmente no que se refere à infraestrutura. Mas como já acontece em muitos países desenvolvidos, este crescimento possui limites geográficos e econômicos, o que provocará uma grande mudança. É claro que como qualquer mudança, não acontece de um dia para o outro, envolve anos, às vezes séculos. Ao mesmo tempo que, como já vimos, o intervalo das últimas mudanças foi cada vez menor, e tende a ser. Quanto menor, só o tempo dirá...

O curioso é que grande parte das atividades que foram rejeitadas ou discriminadas de certa forma pela sociedade industrial serão justamente as que se sobressairão neste novo cenário.

Antes da revolução industrial, tivemos os maiores escritores, pintores, artistas, filósofos, da humanidade. Uma época em que havia tempo para se dedicar às atividades criativas.

A revolução industrial chegou e eliminou muitos destes trabalhos, como consequência hoje tem muito menos referências nestas atividades, comparada a época da Grécia antiga, por exemplo.

Mas isto está novamente mudando, o trabalho artístico, criativo, o design e a inovação, são cada vez mais importantes para construção de novos negócios baseados em informação e tecnologia.

Há pouco tempo, dizer que você se dedicaria a um trabalho artístico, de dança, de música, filosofia, artes e etc seria considerado algo impensável para famílias tradicionais.

Repare que muitos dos novos negócios nos dias de hoje começam a sair do padrão de escala e entram em mercados de nicho. Negócios de nicho com alto valor agregado, com produtos ou serviços personalizados, focando na alta qualidade e não na escala. Isso tudo está relacionado com a importância do papel da criatividade e seus trabalhos relacionados para os negócios desta nova era.

Agora, uma pergunta muito comum: Criatividade se aprende?

Muitas pessoas acham que não são criativas, ou que não nasceram com esse dom e capacidade, que seu trabalho ainda não precisa disso.

É importante quebrarmos alguns mitos. Primeiro, criatividade se aprende, é um processo e não um dom. Todos nós nascemos criativos, o ser humano é criativo por natureza, mas acabamos com o tempo e devido a vários fatores educacionais e da sociedade, bloqueando essa capacidade.

Precisamos urgentemente reaprender a sermos criativos, e isso começa eliminando antigas crenças de seu *mindset*.

Como diz meu amigo Murilo Gun, criatividade deveria ser chamada de combinatividade. Ou seja, criatividade nada mais é que a soma do seu repertório mental, quanto maior ela for, maior sua possibilidade de combinar diferentes pontos e encontrar soluções criativas para qualquer problema.

Aumentar seu repertório mental significa ler, ouvir, estar, com os mais diferentes pontos de vista, opiniões, conhecimentos, pessoas e lugares.

Infelizmente nossa geração cresceu ouvindo que deveria se especializar. Depois de fazer uma graduação, buscar uma especialização na sua mesma área e tornar-se cada vez mais especialista em um único assunto. Mas isso é *commodity*. Todos seguem o mesmo caminho, possuem o mesmo repertório mental e estão inseridos na mesma realidade.

Seu diferencial, criatividade e inovação, vêm na conexão entre áreas e assuntos diferentes.

Reflexo destas mudanças

- Aumento do empreendedorismo nas áreas que veremos a seguir;
- Crescimento do desemprego tradicional;
- Aumento do trabalho em casa (home office). O retorno da fase 1 que vimos antes do século XVIII, mas agora com tecnologia e não com o trabalho no campo;
- A diminuição da divisão entre a vida pessoal e profissional;
- Mudança nos conceitos tradicionais de trabalho, de tempo e espaço;
- Desenvolvimento de habilidades comportamentais e criativas e não apenas técnicas;
- Aprendizado na prática como mudança do processo educacional;
- Futuro como responsabilidade de cada indivíduo e não apenas do governo.

Dados os primeiros conceitos comportamentais básicos para o processo de construção de seu empreendimento, vamos adiante.

> Relembrando características importantes para um empreendedor:
> - Disposição para errar – aprender errando e fazendo sempre.
> - Não desistir, jamais.
> - Entender a diferença entre empreendedor-empregado e empreendedor-empreendedor.
> - Decidir se esse negócio é realmente para você.

Cultura Empreendedora

O que é preciso para criar uma cultura empreendedora? Por que o Brasil ainda está muito longe disso?

Três pilares essenciais para construção de uma cultura empreendedora:

- **Educação:** a base do tripé, aqui nos referimos à educação empreendedora e não educação tradicional.
- **Networking:** relacionamentos, troca de contatos e experiências entre pessoas com este objetivo.
- **Capital:** acesso a linhas de crédito, financiamento e investimento em novos negócios.

Enquanto estes três pilares forem fracos, dificilmente criaremos uma cultura empreendedora.

Polos de Startups

Cada vez mais comum e presente nos dias atuais, o conceito de startup vem ganhando força a cada dia. Para quem não sabe, uma startup é uma nova empresa, geralmente relacionada com a área de tecnologia, devido às suas facilidades e ao baixo custo, que ainda não possui um modelo de negócios definido. Startup não é apenas uma empresa pequena. A diferença entre uma empresa tradicional para uma startup, é que a primeira já possui um modelo de negócios claro e definido, precisando apenas ser executado, uma startup precisa ainda identificar o seu modelo de negócio, através de protótipo e muita validação.

Como este termo está na "moda", muitas pessoas confundem sua nomenclatura na prática e hoje em dia, qualquer novo negócio virou uma startup, o que não é verdade!

Segundo Steve Blank, guru de Startups:
"Startup é uma organização temporária projetada para buscar por um modelo de negócios escalável e repetível que atua num ambiente de extrema incerteza"

Este conceito originou-se nos EUA, na região do Vale do Silício, com o surgimento de gigantes de TI que nasceram, em muitos casos, em garagens e quartos universitários desta região. Este aos poucos foi criando uma cultura empreendedora, cercada pelos três pilares que vimos acima. Grandes universidades que estão ligadas a programas de empreendedorismo, muita gente empreendedora reunida em diversos pontos, escritórios compartilhados, *coworking,* etc. Consequentemente houve uma procura enorme de investidores-anjo, fundos de investimentos, aceleradoras e incubadoras de novos negócios atraídas para esta região. A combinação perfeita para uma cultura empreendedora de alto impacto que até hoje é referência mundial e pioneira, apesar de já existirem outros polos surgindo com características próximas. Muito se falou onde seria o próximo Vale do Silício e o que se tem observado é uma tendência cada vez maior de ramificações espalhadas por diversos cantos do mundo, sem uma única concentração expressiva.

Dentro do Brasil, por exemplo, diversas capitais e estados já caminham para construção destes ambientes e não apenas em um único local como São Paulo, apesar de ainda ser referência. Cidades como Belo Horizonte, Campinas, Florianópolis e Recife, além de outras, vêm investindo bastante nisso.

Por que Israel se tornou referência em empreendedorismo?

Hoje Israel, depois dos EUA, é um dos principais polos de startups e empreendedorismo do mundo. Várias empresas criadas e iniciadas por lá já foram alvo de milionárias aquisições de grandes empresas americanas, os principais casos dos últimos anos na verdade vieram de lá.

O que explica um país com pouca representatividade no mundo corporativo até então, com imagem de guerras e conflitos internos e externos, despertar com essa referência?

Novamente os três pilares sendo formado pelo governo local. A região respira empreendedorismo porque possui um processo de educação empreendedora muito forte, grandes incentivos e vantagens do governo, diversos investidores, e muita mão de obra tecnológica e empreendedora reunida.

Para você ter uma ideia, uma empresa é aberta em menos de duas semanas por lá, enquanto por aqui alguns vários meses são necessários.

O treinamento militar, obrigatório para homens e mulheres durante 3 anos intensivos, também é uma característica da disciplina e trabalho em equipe dos futuros jovens empreendedores. Por lá, os jovens começam na universidade mais tarde, em média 3 anos, período este que estão representando as forças militares de seu país, o que historicamente já se mostrou uma combinação de aprendizado perfeita com as estratégias da arte da guerra.

O que falta para o Brasil formar mais empreendedores de sucesso?

Sabemos claro, como atividade de nosso governo torna-se um dos mais importantes fatores que contribuem para este objetivo. Com a simplificação da burocracia e diminuição dos impostos para pequenas e novas empresas, investimento em infraestrutura e reformulação do sistema de ensino.---

Enquanto isso, cabe a nós fazermos nossa parte. Se não aprendemos sobre empreendedorismo no ensino tradicional, vamos em busca deste conhecimento fora dele, se a burocracia e os impostos ainda são problemas, vamos inovar e usar a criatividade cada vez mais. E o mais importante, tentar, errar e não desistir jamais, mostrando a capacidade e perseverança natas do povo brasileiro.

Aos investidores, um processo natural de busca de novas alternativas de investimento com as mudanças no cenário econômico nacional nos últimos anos e redução de juros. Ainda somos um povo bastante conversador na hora de investir. Este fato está muito relacionado, claro, com a falta de informação e educação a respeito. O investimento anjo[1] vem se tornando uma atividade cada vez mais comum, mas ainda tem muito a evoluir por aqui.

Alguns incentivos na legislação também estão sendo propostos para o abatimento no imposto de renda destes investidores pessoa física.

O fato é que para um país se desenvolver, progredir e inovar sempre é preciso investimento. Saiam dos abrigos da poupança e vamos utilizar o capital interno para fazer girar a economia e produzir cada vez mais, não só em lucros, mas principalmente em inovação e crescimento.

---

[1] Investimento efetuado por pessoas físicas, geralmente um empreendedor ou executivo que já construiu uma carreira de sucesso em empresas que nasceram com alto potencial de crescimento (startups).

Lição 07:
Como ter ideias (Fábrica de ideias)

Não pense que este será um guia com as principais e melhores ideias para os próximos 10 anos, assim como você vê em diversas reportagens de revistas e sites pela internet. Tudo que sai em matéria de capa de revista já está atrasado porque se você e mais alguns milhões de pessoas estão lendo aquela mesma reportagem é porque provavelmente alguém já fez isso.

Quero mostrar a você caminhos para construir uma fonte de novas ideias e desenvolver a sua mente para que seja o seu maior ativo, uma *fábrica de ideias*.

Lembrando alguns conceitos básicos

- Você vai precisar atrair ideias e pessoas prósperas para seu negócio e tudo isso vai ser reflexo de suas atitudes mentais. Comece a moldar sua mente para o sucesso, a ler a respeito disso, a frequentar lugares de sucesso e conviver com pessoas otimistas e bem-sucedidas. Você vai moldar o ambiente interno e externo, para que possa primeiramente preparar sua mente para recepcionar e atrair boas ideias.
- Já falamos também que oportunidade e problema estão na forma de ver, ou seja, está em sua mente, e não na situação em si, então não adianta se sua mente ainda não está moldada e preparada para o sucesso, você não vai enxergar e atrair prosperidade.
- Sua mente é 5% consciente e 95% inconsciente.

- O que está atraindo para o seu subconsciente?
- O que está lendo? Pensando e ouvindo a seu redor?
- Você vai ter que praticar, vai assumir um compromisso consigo para os próximos seis meses, colocar cada vez mais informação positiva para seu subconsciente, todos os dias, sem falta!

Preparado mentalmente, compartilho com você as três formas que mais utilizo para gerar novas ideias:

Observe os problemas ao seu redor

É incrível, mas se você começar a estudar sobre a origem da maior parte das empresas de sucesso, verá que grande parte delas nasceu de um problema ou uma dificuldade, ou vários deles. Esta é a premissa básica do empreendedorismo, o objetivo do empreendedor é encontrar soluções para melhorar a vida das pessoas ou empresas, e as soluções de amanhã estão nos problemas que elas enfrentam nos dias de hoje.

Achar problema nunca foi uma dificuldade para grande parte dos seres humanos, não é difícil encontrar pessoas dizendo que o Brasil está cheio de problemas, que o mundo está cheio de problemas. Que maravilha! Quanta oportunidade à espera de um dono. Veja sua responsabilidade perante o país e o mundo, você pode solucionar um problema nacional ou internacional. Quanto maior o problema, quanto mais pessoas o possuem e quanto mais pessoas puderem ajudar na solução, maior o seu sucesso.

E tem gente que ainda acha que empreender e ter sucesso é pecado.

É claro que isso envolve bastante treino, prática e preparação mental, afinal o aprendizado aqui é na prática, e isso leva tempo. Uma dica, que fiz muitas vezes, e ainda faço frequentemente é começar a preparar sua mente para enxergar oportunidades onde existe problema. Comece próximo a você, na sua casa, no seu trabalho, na sua família, na sua rua, no seu bairro, você vai começar a olhar o mundo, as coisas e pessoas de uma forma diferente. Não é necessário procurar problemas e defeitos nas coisas e pessoas, como a maior parte faz. Seu objetivo não é ser crítico, e sim melhorar e contribuir com algo significativo.

Lição 07: Como ter ideias (Fábrica de ideias)

Lembre que quando falamos em problemas, não são apenas os grandes que dependem de grandes soluções, como por, exemplo, acabar com a fome no mundo. Se você achar uma solução para isso, será sensacional, mas vamos começar aos poucos. Grande parte das inovações como veremos a seguir são oriundas de pequenas junções, adaptações ou melhorias em algo já existente.

Nosso objetivo inicial é começar a treinar sua mente para encontrar oportunidades. Assim como você precisa ir para academia exercitar seus músculos, você vai precisar treinar sua mente. Comece a observar tudo ao seu redor e andar sempre com um bloco de notas ou caderno com você, e passe a marcar tudo o que viu e pensou (pode ser no celular também.

Esqueça a necessidade de começar uma empresa. Esse exercício vale para gerarmos a maior quantidade de ideias e soluções a fim de exercitar nossa mente, sem nenhum compromisso de execução. E quem sabe, vai que uma delas em um futuro próximo, pode se tornar realidade, seguindo os passos que veremos a seguir.

Tenho desde os meus 15 anos de idade até hoje dois cadernos recheados de ideia e é bacana você ver a quantidade de oportunidades que existem e quantas delas no futuro foram executadas e deram certo. O processo de gerar ideias é um feito em escala. Gerar diversas ideias para conseguir algumas para aproveitar.

Quanto mais você fizer este exercício, mais natural e prazeroso será este processo de desenvolvimento de ideias.

Lembre-se que problemas, soluções e ideias existem de sobra, você só precisa sintonizar sua mente com elas e isso envolve preparação mental e prática, como vimos agora.

Algumas pessoas têm o costume de dizer: "queria empreender, mas não tenho inspiração", "não sou uma pessoa de ideias", etc. Quanta bobagem, elimine isso de sua mente já! As ideias e oportunidades estão à disposição de todos, não é um bem material que foi colocado apenas para uma parte da população. Não precisa ser rico, ser bonito ou ter uma graduação para isso. Se as ideias e oportunidades já existem, porque algumas pessoas não conseguem "capturá-las"?

Porque não estão sintonizadas e preparadas mentalmente para isso, lembre-se de nosso consciente e subconsciente, eles estarão presente em tudo, sempre. Se sua mente não está sintonizada com a mesma vibração das ideias, mesmo elas existindo e estando disponíveis a todos, você não entrou em sintonia com este canal e por isso não conseguiu ver ou alguém viu antes de você.

Leituras de livros, revistas e sites de negócios

O processo de leitura para um empreendedor de sucesso é algo absolutamente natural e constante. Quem acha que empreendedor não precisa estudar está muito enganado. Digo a você que boa parte dos empreendedores estuda muito mais do que vários acadêmicos. O empreendedor de sucesso sabe que o processo de educação autodidata e a busca de conhecimento não possui fim, é um processo constante e diário. Ainda mais nos dias de hoje, onde as inovações e mudanças são cada vez mais rápidas e frequentes.

A pessoa que passa um dia sem ler ao menos uma página de um livro ou outro material de qualidade, desperdiçou um dia de sua vida, e quem sabe alguns milhares de reais em novas ideias e conhecimento.

Este processo não serve unicamente (para não dizer que não é possível) copiar ideias ou soluções que são apresentadas. Apesar de estar no meio dos três que listei, ele é a base para todos os outros e vai ajudá-lo a enxergar o mundo de outra maneira e ajudar a raciocinar no processo de construção de soluções em cima de problemas, assim como contribuirá diretamente no processo três, que veremos a seguir, com seu networking de pessoas de sucesso.

Você verá que os três passos andam em total sintonia e sinergia, e a soma deles, é que gera sua fábrica de ideias e oportunidades.

Muito cuidado com o seu filtro de leitura, você já sabe que tudo que ler ficará de certa forma armazenado em seu subconsciente, então tome cuidado com tipo de informações que for buscar.

Experimente trocar sua TV por alguns livros. Pessoas de sucesso não assistem TV, que possui uma enorme quantidade de informação negativa. Mude seus hábitos!

Se não gosta de ler, experimente outros canais alternativos. Hoje temos uma grande quantidade de vídeos, podcasts, webinários e eventos sobre o assunto.

Contato com pessoas de sucesso

"Pessoas de sucesso conversam sobre êxito, como ganhar mais dinheiro, sobre negócios e conversam com pessoas bem-sucedidas."

Para você chegar até aqui, primeiramente aja e se porte como alguém bem-sucedido, você já pensa e lê como tal. Agora é hora de buscar lugares e contatos de pessoas que possuam esta mesma sinergia e frequência que você.

A forma que eu adotei e me deu êxito para ter contato com pessoas prósperas, foi dar início ao meu empreendimento. Você não conhece pessoas de sucesso em casa, fazendo a mesma coisa que sempre fez, frequentando os lugares que sempre frequentou e trabalhando no mesmo lugar em que trabalhou.

Você vai mudar a sua postura, sair a campo, começar a construir sua história, seu empreendimento, e cada vez será mais fácil e natural o seu ciclo de contatos com pessoas desta mesma área.

Se você tiver uma ideia, um sonho, um projeto, e buscar pessoas de sucesso, com quem que acredita ter alguma sinergia, sua probabilidade de êxito neste contato é muito maior. Você não vai jogar conversa fora, falar de novela ou de política com pessoas de sucesso. Não que não possa fazer isso, mas não é isso que atrairá a abertura das primeiras portas com este contato.

Todos os contatos que construí com pessoas de sucesso foi vendendo e apresentando minha ideia e minha empresa para pessoas que tinham alguma sintonia, em um processo constante.

Os grupos são formados por pessoas que possuem os mesmos interesses em comum. Grupos de discussão de futebol são formados por aqueles que gostam de futebol, os de música por pessoas que apreciam música e assim por diante.

Pessoas são atraídas por elementos em comum como laços, pensamentos, vibrações, interesses e objetivos.

Experimente também buscar por grupos de pessoas que pensam e discutem sobre negócios, investimentos, startups, empreendedorismo, etc. Existem diversos grupos na própria internet e em eventos presenciais. Palestras, seminários, congressos, feiras... são ótimas oportunidades para conhecer pessoas com os mesmos interesses que o seu.

> Lembra o que falamos sobre ócio e criatividade, sobre empreendedor-empregado e empreendedor-empreendedor? Nenhuma destas três ações são possíveis dentro de um ambiente de trabalho normal, no dia a dia de execução de tarefas burocráticas.
>
> Então quando uma pessoa com mentalidade antiquada, enxerga um empreendedor de sucesso com tempo "livre", passeando pela cidade, viajando, lendo livros, ou em conversas, almoços e cafés com outras pessoas de sucesso, acha que ele não trabalha, porque este trabalho não está associado a sofrimento, a suor e repetição. Mas é este trabalho que abre portas para grandes oportunidades, grandes negócios e consequentemente, grandes fortunas.
>
> Você pode escolher o formato de trabalho que quer ter, mas eu definitivamente, prefiro este processo, mesmo que para alguns seja visto como alguém que "não trabalha".

Busque diferentes lugares e conhecimentos

Como já comentamos, novas ideias surgem da conexão de diferentes áreas e pontos. Por isso, reforço a importância de você diversificar sua rede de contatos, seu estudo, suas experiências, suas viagens, sua rotina como um todo.

Faça coisas diferentes, vá a lugares que não visitou, leia novos conteúdos, converse com pessoas diferentes.

Você precisa de vínculos que te ajudarão a conectar pontos para formar uma nova ideia.

Lição 08:
Teve uma ideia ou insight? E agora?

Esse talvez seja o momento de maior importância no processo e onde a maioria das pessoas erra.

Temos talvez o antigo mito de que uma boa ideia deva ser guardada a sete chaves, que você descobriu a nova fórmula mágica do sucesso e que isso já vale alguns milhões.

Veja bem o que vou te dizer: **SUA IDEIA NÃO VALE NADA**.

Isso mesmo, você não leu errado, vou repetir: Sua ideia não vale nada.

O processo que vimos inicialmente para geração de ideias é a primeira etapa para que tenham um ponto de partida na construção de seu negócio, não que essa seja a solução para todos os seus problemas.

Sua ideia não nasce pronta. É um mito achar que vai acordar com uma grande ideia de sucesso, isso não existe. Você pode ter tido um insight inicial, uma inspiração, mas a ideia se constrói com o tempo, a prática e principalmente o contato com o maior número possível de pessoas.

A primeira coisa que faço quando tenho uma ideia que aparentemente parece ser boa e fazer sentido é pesquisar o que já existe e quem já fez algo parecido. Esse é um ponto importante, você sempre encontrará alguma referência, ou igual ou próxima de seu negócio. Nada se cria, tudo se copia.

Se você acha que em nenhum lugar do mundo ninguém pensou em nada parecido, você não procurou direito. Procure de novo. Seu objetivo não é ter medo de achar algo parecido, e sim achar algo parecido para melhorar sua ideia.

Feita a primeira etapa básica de pesquisa, você vai começar a falar para o maior número possível de pessoas a sua ideia. Isso mesmo, você não leu errado novamente, vai falar para o maior número de pessoas sobre a sua ideia. Lembre que ela ainda não tem valor nenhum. Quando você faz isso, você começa a construir sua própria ideia, com os insights e feedbacks de terceiros.

Talvez você já verá que de fato sua ideia não fazia tanto sentido assim e pode partir para outra. Ou precisará fazer algumas adaptações naturais ao processo de criação.

Equipe e sócios

Não vamos nos aprofundar na habilidade de liderança, que já abordamos no livro anterior, quero destacar aqui alguns pontos importantes de cuidados práticos para a formação da equipe de seu novo negócio.

Ninguém constrói nada sozinho, você já viu que não existem super-heróis como a mídia e a sociedade querem mostrar, todos são pessoas comuns, vindas da mesma essência, com características diferentes que se complementam. Você terá que buscar pessoas que possuem os mesmos propósitos, princípios e sonhos. Entretanto, suas características e funções de trabalho, assim como sua forma de pensar e agir, são complementares.

Quando você está começando um novo negócio sem dinheiro, é difícil e inviável montar uma equipe grande e diversificada por isso a importância de buscar sócios que equilibrem esta conta. Não adianta ter dois sócios que são ótimos vendedores, ou dois sócios que são ótimos programadores, por exemplo, se você não tem condições de contratar o outro perfil de profissional que você inevitavelmente vai precisar dentro de sua empresa.

Em uma startup, é muito comum sociedades formadas entre duas e três pessoas. Algumas vezes, chega a quatro ou cinco no início, mas não é o padrão. Meu conselho é ficar entre esta média inicial pois o fluxo de informação e gestão por perfis diferentes, se não for bem organizado, pode trazer mais problemas do que benefícios.

A equipe logicamente vai depender do negócio que você está construindo, mas via de regra, três perfis são essenciais e básicos em quase todos os negócios.

1. Produto/Desenvolvimento/TI
2. Administrativo/Financeiro/Burocrático
3. Comercial/Vendas/Marketing

Não necessariamente nesta ordem e nesta quantidade, você pode ter uma pessoa que no início seja responsável por duas destas habilidades, por exemplo. Mas são atividades básicas, que muitas vezes, aquele empreendedor-empregado que vimos no início acaba não olhando, e em grande parte dos casos entra apenas o primeiro item e não tem empresa que se sustente neste formato.

Se forem sócios, alguns cuidados e conselhos importantes:

- Conheça muito bem o histórico e perfil de seu sócio.
- Deixe claro, por escrito e documentado, as obrigações e responsabilidades de cada um dentro do negócio.
- Tenham definida e de forma clara a participação acionária de cada um dentro da empresa. Geralmente, a divisão é feita de forma proporcional, mas isto não é regra. Dependendo da realidade, histórico, funções e valor de cada um para a sociedade, cabe a vocês apenas deixarem clara, desde o início, esta divisão.
- Tenham esclarecidas e documentadas no contrato social da empresa, as condições em caso de saída de um dos sócios. Assim como em um relacionamento, as possibilidades de uma sociedade se dissolver no meio do caminho é bastante grande, por diferentes motivos. Por isso já considerar de início tais possibilidades evitará muita dor de cabeça e desentendimento em um futuro às vezes não muito distante.

Quanto a sua equipe interna:

- Jamais contrate alguém apenas porque é seu amigo ou parente.
- Não comece com ninguém de forma irregular. É muito comum no Brasil, devido às altas cargas tributárias, pequenas empresas começarem com empregados sem registro na carteira ou acordos por fora. Não faça isso.

Você pode economizar no início, mas o risco de problemas no futuro é muito alto. Se não tem condições de contratar regularmente, não contrate, simples assim.

- A estrutura deve ser a mais enxuta possível, evite cometer um erro muito comum em inícios de negócios que é ter um alto custo fixo mensal. Você ainda nem passou pela etapa de validação de seu negócio, então o custo deve ser zero ou o mais próximo disso possível.
- Busque apenas pessoas melhores do que você.

Você não precisa de grande equipe, escritório e muitas coisas que acha necessário. Eu sei que você deve estar pensando: "mas no meu caso é diferente". Eu aprendi na prática, fazendo e errando, mas se tivesse ouvido este conselho antes, teria economizado muito dinheiro e tempo.

Invista em parcerias. Buscar parceiros que complementem alguma função ainda órfã em sua empresa, pode ser muito mais barato e prático no início do negócio, seja como parceiro ou fornecedor.

Validando seu Problema

A primeira fase de validação de seu negócio é em relação ao problema que ele está comprometido em solucionar. Já vimos que um novo negócio, uma startup, surge para solucionar o problema de um grupo de pessoas ou empresas.

Inicialmente este problema é detectado pelos fundadores e idealizadores do projeto em questão, que utilizando as dicas anteriores identificaram uma possível oportunidade de negócio.

Esqueça o plano de negócios tradicional!

Você vai testar quem é seu cliente de fato, qual o melhor canal de distribuição, quais as melhores formas de aquisição deste cliente, quais melhores formas de gerar receita, e assim com cada item do plano de negócio. Por isso ele não é estático e sim altamente dinâmico nesta fase inicial.

Esqueça o marketing por enquanto

Até aqui tudo ótimo. Porém, um dos principais motivos de desaparecimento de novos negócios é avançar rápido de mais nesta etapa, sem validar o seu problema.

1) Testando e validando sua ideia

Você já tem uma ideia em mãos, tem um objetivo, uma aparente solução para um aparente problema (aparente porque ainda não sabemos como o mercado irá avaliá-lo), também já tem a equipe. Agora é hora de validarmos a ideia.

O que significa isso?

O conceito de validação de ideia, termo muito comum dentro de startups, surgiu com o objetivo de evitar o desperdício de tempo e dinheiro com uma ideia que na prática não funciona ou precisará de adaptações.

Em vez de você construir uma empresa, com base em uma ideia, investir em marketing, estrutura, escritório e etc, será necessário primeiramente testar sua ideia no mercado no menor espaço de tempo possível e gastando o menor valor possível.

Mesmo que você tenha identificado algum problema, solução e que até mesmo tenha feito uma pequena pesquisa de mercado, o aprender fazendo não pode ser substituído. Você vai precisar ir a campo, falar com seu potencial cliente e fazer com que experimente sua proposta, na prática, sem pesquisa e sem teoria.

Existem várias possibilidades de você testar sua ideia no mercado, a mais conhecida e utilizada é o conceito de *produto mínimo viável (MVP)*, na qual você vai construir um protótipo, uma amostra *beta* de seu produto, serviço ou solução, a fim de levar até o público final. Mínimo viável e protótipo porque você não vai construir o produto ou serviço completo, isso exigirá muito dinheiro e tempo que poderá ser jogado fora já que mudanças serão naturais. Você vai construir ou mostrar um pequeno protótipo de sua solução.

Esta talvez seja uma das maiores provas do aprender fazendo. Não há pesquisa de mercado, planejamento ou plano de negócios, que substitua ou tenha mais valor do que esta etapa de validação. E você inevitavelmente vai aprender, e muito, fazendo. Dificilmente sua ideia ou solução inicial, vai manter-se estática, sem alterações durante este processo. Você verá coisas que não havia planejado ou pensado ou até mesmo comprovar aquilo que imaginava, mas não tinha certeza.

Após isso, duas opções serão levantadas. Ou será necessária alguma adaptação, mudança, melhoria na proposta, produto ou serviço, ou então será melhor abortar essa ideia e partir para outra.

Ouço com muita frequência novos e jovens empreendedores se queixarem que precisam de investidor.

Virou clichê dizer que construiu uma startup e precisa de investidor.

As principais alegações são:

- Meu produto é fantástico.
- O segmento é enorme.
- Somos únicos nisso.
- Podemos faturar milhões.
- Tenho um plano estratégico para os próximos cinco anos.
- Precisamos de dinheiro para investir em marketing.
- Precisamos crescer e ganhar escala.
- Se conseguirmos x% do mercado vamos faturar y.
- Como busco investidor?
- Como você buscou investidor?

Em cada conversa este *script* dificilmente se difere, e o mais incrível é que neste momento me lembro de ter feito exatamente as mesmas coisas e cometido os mesmos erros. Afinal, como já vimos somos iludidos pela mídia e pela própria escola de administração tradicional com estes antigos e falsos conceitos. O modelo de startup vem ganhando força em um espaço de tempo muito curto. E após muitos erros práticos e estudos sobre o modelo de startups, posso destacar os seguintes pontos importantes para estes novos empreendedores:

- A grande maioria não é startup. Como já vimos anteriormente startups não são pequenas empresas, ou seja, qualquer novo negócio nos dias de hoje passou a ser chamado de startup, mas não é bem assim. A diferença principal pouco tem a ver com sua nomenclatura, afinal é chique dizer que é uma startup, talvez por desconhecerem a quantidade de problemas e dificuldades que têm estas empresas (sim também são empresas). A grande diferença está no modelo de gestão de uma startup, de fato, para uma pequena nova empresa. Volte para o conceito de startup que vimos acima.

- Na maioria dos casos você **NÃO PRECISA DE INVESTIDOR!** Seu problema não é dinheiro, o dinheiro não vai mudar seu negócio, pelo menos nesta primeira fase, pelo contrário ele tem grande chance de prejudicá-lo. Esqueça de uma vez por todas isso!

Mais uma vez digo por experiência própria, em minha primeira startup, buscamos aporte financeiro e sete meses depois a empresa já não tinha mais recursos para se autossustentar. Ele inclusive pode ter sido o acelerador deste processo na busca de expansão, escala, marketing, antes de validar o problema/produto/modelo de negócios.

Grande parte das startups fracassa não por falta de recursos financeiros, mas por um simples motivo: seu produto ou solução não tinha o valor suficiente para o cliente final.

É duro ouvir isso, eu sei. Mas há uma grande diferença entre HIPÓTESES de quem desenvolveu o negócio, que são todos os argumentos anteriores, para de fato o que o mercado quer, o que o cliente quer. E na maioria das vezes suas hipóteses iniciais não são exatamente o que o cliente quer. Aquilo que você avaliou como grande diferencial e inovação de seu negócio, talvez para o cliente não seja nada demais.

Provavelmente o valor que você enxergou no produto ou serviço não seja o mesmo que seu grupo de clientes enxergou.

Talvez você não seja o único que faça isso e existam centenas de outros que atendam direta ou indiretamente às necessidades de um grupo de clientes que você quer fisgar e para eles, aquilo já seja o suficiente. Ou por incluir tantos diferenciais o preço de seu produto ou serviço se tornou alto demais para o valor que o seu cliente esteja disposto a pagar.

Talvez sua solução seja tão inovadora que está à frente do mercado, e o *timing*, assim como a abertura de um novo negócio, pode mostrar que o mercado ainda não está preparado para isso.

Preste atenção nas palavras que eu mais usei até aqui:

TALVEZ
CLIENTE
MERCADO

Os "talvez" são hipóteses e isso não possuirá valor algum enquanto estas hipóteses não forem transformadas em fatos concretos.

Isso será possível quando forem testadas pelo seu mercado e pelo seu grupo de clientes em potencial. Não por você, pelo investidor ou pela mídia.

Até agora não tem nada de investidor, investimento, dinheiro, mídia, marketing, escala e crescimento. Essas palavras não foram usadas aqui, porque não é o momento para tal.

Vá para rua testar e validar:

- **Seu Problema:** O objetivo de uma empresa ou startup é ou deveria ser sanar um problema de um grupo de pessoas. Este problema iniciou de suas considerações, avaliações e hipóteses. Será que este é de fato um problema também para os outros?
- **Mercado:** O tamanho do mercado de pessoas que possuem este mesmo problema é de fato suficiente para a abertura de um novo negócio?
- **Clientes:** Qual é de fato o perfil de pessoas que possuem este problema dentro deste mercado?
- **Produto:** Com um protótipo em mãos, seu produto mínimo viável, o que este grupo de potenciais clientes dentro de seu mercado, que possuem um mesmo problema avaliam de sua proposta de solução?
- **Modelo de Negócio:** Quanto e como de fato estas pessoas estariam dispostas a pagar e de que forma o seu negócio vai dar lucro para seus possíveis investidores e sócios?
- **Custo Por Aquisição (CPA):** Qual o custo de aquisição de novos clientes? Esta pergunta é fundamental antes de sentar com qualquer investidor. Quanto eu preciso investir para atrair um novo cliente para dentro do negócio?

Todas estas perguntas precisam ser validadas na prática, na rua, antes de pensar em ganhar escala e marketing.

O problema, o mercado, os clientes, o produto, o modelo. Tudo pode mudar! E mudará. Então que assim se faça rápido, com pouco dinheiro, poucas pessoas e pouca divulgação.

Convertendo sua ideia em negócio

Sua ideia, produto ou serviço tem aderência no mercado, você testou na prática, coletou diferentes opiniões, validou sua ideia e aprimorou com o que foi necessário.

O primeiro passo foi dado, agora você precisa converter este produto ou serviço em um negócio rentável financeiramente.

Existem diversos modelos de negócios possíveis nos dias atuais, de uma venda única, a venda recorrente, assinaturas e até gratuitamente, com outras fontes de receitas como patrocinadores. As opções nos dias de hoje com a internet, que permite distribuição a custo baixíssimo são muitas.

Como também não existe uma receita pronta para o modelo de negócio ideal, e diferentes empresas têm sucesso com diversos modelos de negócio. Você novamente terá que testar qual seria o ideal para o seu empreendimento, seu mercado e seu perfil de clientes.

A conta financeira é a mesma, desde os primórdios da era comercial, você possui custos fixos e variáveis que precisam ser pagos, de forma que seu cliente esteja disposto a pagar o valor que seu serviço ou produto é apresentado a ele. Não adianta ser rentável para a empresa e não atrativo para o cliente, e vice-versa.

Os primeiros clientes serão fundamentais neste processo, avalie o seu mercado, veja quais as práticas de precificação mais comuns, o que é tendência e o valor que seus potenciais clientes enxergam em seu produto ou serviço. E comece a testar, até achar o ponto de equilíbrio.

Adianto para você que isso vai mudar bastante durante o caminho!

Construindo processos e sistemas

Sua ideia já foi validada, tem mercado, tem público, as pessoas já começaram a testar e usar, você já começou a melhorar e adaptar.

É hora de começar a pensar, se é que isso não foi feito, em como fazer sua ideia ter corpo sistemático, dependendo do mínimo possível de você ou de seus sócios, de forma a prepará-la para um processo de expansão que você dará em breve, no próximo passo.

Você não quer ser um empreendedor-empregado, portanto para isso precisará encontrar maneiras de fazer seu negócio desenvolver sem a sua presença física ou trabalho direto.

Aqui um ponto importante: quanto menos depender de outros, melhor. É claro que todo e qualquer negócio precisa de terceiros, a grande diferença está na dependência de pessoas para a execução do trabalho ou serviço e em utilizá-las para seguirem processos, padrões e sistemas já estabelecidos.

Os dois exemplos mais práticos para isso são, redes de franquias e plataformas online.

Redes de franquias

Vamos falar do primeiro exemplo. Redes de franquias para poderem expandir precisam, antes de qualquer coisa, ter todos os processos padronizados e principalmente um sistema que permite fácil duplicação de seu conceito de negócio.

Veja o caso do McDonald's ou Subway, estas empresas criaram procedimentos tão simples e padronizados, que qualquer pessoa pode ser treinada para sua execução. Por sinal, figuraram na primeira e terceira posição, respectivamente, das franquias que mais cresceram em 2013, segundo a ABF. A essência do negócio não está no cozinheiro ou atendente desta empresa, eles são importantes e necessários, mas não são a essência e o diferencial destes negócios. Eles são fáceis de serem treinados e multiplicados. E se você quer construir um negócio como empreendedor-empreendedor, que seja capaz de multiplicar-se, precisa sistematizar seu negócio desde o início, de forma que permita sua duplicação.

Lição 08: Teve uma ideia ou insight, e agora?

Vamos estudar outros exemplos de redes de franquias de sucesso neste momento, o segmento de educação por exemplo. Seu grande problema sempre foi, e continua sendo, a formação e seleção de pessoas qualificadas para a função. Afinal, um negócio de educação até então tinha o professor como sua principal ferramenta. Mesmo tendo treinamentos, manuais ou qualquer tipo de processo, você ainda depende de um ser humano qualificado na ponta final, como essência do trabalho. E por ser um ser humano, é natural que tenha diversas particularidades. Uma aula, neste caso o produto ou serviço do negócio, pode sofrer diversas interferências em função do próprio professor, seu estado mental, emocional, o clima, o momento e etc.

Isso automaticamente dificulta o processo de crescimento e expansão do negócio, afinal tem um entrave. Como qualquer problema empreendedores transformaram em solução, neste caso a solução seria buscar uma forma de sistematizar o negócio sem dependência do professor. Antes que os críticos comecem aparecer, sistematizar um negócio não quer dizer substituir ou eliminar pessoas. Estas nunca serão eliminadas, como já vimos no próprio processo industrial e da informação naturalmente temos mudanças de trabalhos em cada período da economia, mas nunca a eliminação por completo.

Voltando para nosso exemplo de educação, novas soluções foram criadas como polos de educação a distância, metodologias de ensino padronizadas, cursos interativos e etc. Em todos os casos a essência do negócio passou a ser a automação do serviço, mas não eliminou a figura do professor, que agora possui um papel muito mais evidente de monitor. Ele está presente para assessorar e acompanhar os alunos em caso de dúvidas, trocas de experiências e etc. mas não é o principal alicerce do negócio. O que automaticamente facilita o processo de seleção e treinamento destes profissionais, comparado ao modelo anterior.

Outro exemplo de segmento de negócio que tinha uma grande dependência do ser humano como figura principal, academias de ginástica. Seguindo os mesmos princípios do mercado de educação, sua qualificação e seleção acabavam sendo um entrave neste processo. A solução apresentada por grandes redes de franquias foi criar um método padronizado de exercícios físicos, divididos por estações em um formato de circuito, que qualquer pessoa poderia fazer. E o papel do instrutor neste caso passa a ser também o de acompanhamento e monitoramento, não sendo a essência do negócio e permitindo uma maior padronização, e consequentemente, alavancagem do negócio.

Em outros casos, mais simples, a criação de processos padronizados, manuais e sistematização de parte das atividades, podem representar um grande avanço no processo e evolução de seu negócio.

Plataformas online

Ainda mais simples, e que por isso são as queridinhas de investidores em novas startups são as soluções online, aplicativos, sistemas, sites, plataformas. Já são construídas de forma tecnológica e aproveitam o canal de distribuição da própria internet para fazerem seu processo de expansão. Nestes casos, sem dúvida alguma, o maior valor destes projetos são as soluções tecnológicas desenvolvidas e quanto mais clientes atenderem com a menor quantidade possível de funcionários, melhor.

Veja o exemplo do WhatsApp, que com pouco mais de 50 funcionários atendia mais de 400 milhões de clientes antes de sua venda para o Facebook. Este é o poder da sistematização! O sonho de qualquer empreendedor.

Esta mesma análise já foi fruto, logicamente, de diversos debates em relação ao risco de diminuição de empregos para a população mundial. Mesmo sabendo, como já comentamos, que uma máquina, sistema ou processo não elimina por completo o trabalho de um ser humano e sim que ele muda a forma de trabalho deste, sabemos como o próprio exemplo do WhatsApp mostrou, que uma empresa com estas características empresa muito menos pessoas do que uma fábrica, com valor de mercado muito menor.

Ninguém pode prever o futuro e até onde a tecnologia poderá nos levar, nem qual o verdadeiro impacto que poderá gerar na economia e geração de novos empregos. O fato é que as coisas estão mudando e você terá que se adaptar a elas se quiser manter-se vivo no mercado. Evoluções e mudanças aconteceram diversas vezes na história da humanidade e não seria diferente com esta, não adianta reclamar. Isto faz parte da evolução da própria sociedade, ninguém retrocederá. Mais um ponto para você ficar atento com o mito da segurança do emprego e começar a pensar em seu negócio. Não veja esta situação como problema e sim como uma grande oportunidade.

Pense na dificuldade e custo que era iniciar uma empresa no período industrial comparado com nosso período atual de informação e tecnologia. Está cada vez mais fácil desenvolver seu próprio negócio e cada vez mais arriscado depender de um emprego. Fique atento às mudanças que vivemos! O mundo não para e também não volta atrás por interesses de uns ou outros. Ou você acompanha e se adapta ou ficará sem espaço, esta é a lei da seleção natural que sempre existiu.

2) Multiplicando a ideia

Agora que você já validou sua ideia, já criou a estrutura necessária para um empreendedor – empreendedor e toda sistematização, é hora de levar sua ideia para o maior número possível de pessoas, evitando que alguém o copie ou ganhe mercado antes de você. O que de fato vai acontecer, toda empresa inovadora é seguida por um grupo de cópias. E como é cada vez mais fácil e rápido construir um negócio nos dias de hoje, é importante que todo este processo que vimos até então seja feito de forma rápida, até a etapa de multiplicar sua ideia.

Aqui temos dois casos extremos, aqueles negócios que engatinham e não alavancam, ficando sempre do mesmo tamanho, trabalhando com o mesmo número de clientes e no mesmo mercado. Alguns por objetivo próprio e pessoal de seus donos, que não possuem o desejo de expandir de fato o seu negócio, o que geralmente acontece com empreendedores- empregados e que não conseguiram criar processos e sistemas para seu negócio. Automaticamente a expansão fica muito difícil e cara.

Por outro lado, o que também já aconteceu comigo, por isso faço questão de compartilhar esta experiência com você, existem negócios que crescem e alavancam de forma muito rápida e isso pode ser um problema. Muitas vezes antes de testar e validar suficientemente sua ideia ou antes de criar todos os processos e sistematizações realmente necessários. E quando você tem uma expansão realmente grande, qualquer mudança no negócio, falha ou conserto, se torna muito mais difícil, cara e negativa perante o mercado.

Você vê então que este é um ponto bastante complexo, e é muitas vezes a ponte que separa grandes negócios dos pequenos ou negócios bem ou mal sucedidos. Não existe uma receita de bolo para isso, se existisse, com certeza quem descobrisse não dividiria conosco.

Você vai precisar de muito equilíbrio para encontrar o *timing* certo desta etapa, nem cedo nem tarde demais. Cedo demais você corre o risco, o que não necessariamente quer dizer que vai acontecer, de pagar o preço do rápido crescimento mais à frente. E demorar demais pode colocar em risco todo o negócio, com um concorrente mais rápido que você. Resumindo, os dois caminhos podem levar à quebra de um empreendimento, um mais rápido e outro mais lento, chamado de "morte lenta", muito comum em muitas empresas.

Busca por investidor

Eis um assunto um tanto quanto recente para muitos pequenos e novos empreendedores. Quando, como e se é necessário buscar um investidor.

Já vimos que um dos pilares da cultura empreendedora é o acesso ao capital, linhas de crédito, financiamento, e claro, investidores e fundos de investimentos.

Investidor-anjo é o termo concedido para investidores pessoa física que aportam em novos negócios, com valores geralmente inferiores a 1 milhão de reais. Este perfil, em sua maioria composto por profissionais maduros e experientes, entre 40 e 60 anos, que já construíram um patrimônio e uma trajetória profissional e buscam novas formas de investir seu dinheiro e ajudar a desenvolver novos negócios.

Dispostos a auxiliar novos empreendedores, não apenas com o capital financeiro, mas principalmente com todo seu conhecimento e networking desenvolvido durante sua trajetória. Perceba que temos aqui, ou deveríamos ter, os três pilares essenciais para uma cultura empreendedora (conhecimento empreendedor, networking e capital). Os mesmos três pilares que um investidor-anjo pode oferecer a novos empreendedores.

Aqui vale uma observação bastante importante, engana-se quem acha que ao buscar um investidor, você buscará apenas capital. Sim, você pode, mas deixará de lado outros dois pilares de uma estrutura sólida e o risco dela desabar será bastante grande.

Todo empreendedor pode conseguir os três pilares sozinho, durante sua trajetória. A grande diferença é que um investidor-anjo acelerará este processo.

Ainda falando sobre as características principais e o perfil dos investidores-anjo brasileiros, grande parte ainda é do sexo masculino. Alguns movimentos femininos já começaram a surgir recentemente com o objetivo de despertar nas mulheres o interesse por esta nova possibilidade de investimento. Como o investimento em novas startups é uma ação de alto risco e o público masculino, na maior parte das vezes, pode vir a apresentar em seu comportamento as características desse perfil de forma mais presente, ele acabou por figurar de forma mais rápida neste curto espaço de tempo desta modalidade. Mas não tenho dúvidas, por ser ainda algo tão recente no Brasil, que muito em breve teremos um equilíbrio maior de investidores entre os dois sexos, bem como uma proliferação mais elevada de perfil e idades destes investidores.

Por que um investidor-anjo apostaria em seu negócio?

Parece uma pergunta simples, mas no dia a dia de quem está à frente de negócios e que busca investidores, a resposta não parece ser clara. Apesar da nomenclatura "anjo", nenhum investidor se arrisca em um novo empreendimento com o objetivo de fazer doações ou ajudar. Isso não existe. Canso de ouvir pessoas dizendo:

O que são 100 mil, 500 mil, para quem tem milhões no banco?

Começando a Investir

Um investimento em novos negócios, assim como qualquer outro, precisa trazer retorno financeiro para quem está participando. A partir do momento em que sua proposta de valor for interessante em relação ao retorno sobre a aplicação, o que leva em conta valores, risco e potencial de retorno, ela passa a ser um investimento em potencial, do contrário não.

Ainda somos um país bastante conservador no que se refere a investimentos. Aplicações tradicionais e consideradas seguras dominam o mercado de investimentos enquanto em países desenvolvidos como os EUA mais de 50% de sua população investe em mercado de renda variável. Este comportamento tem total relação na avaliação de um novo investimento por parte do investidor.

Grande parte desta cultura foi construída em função da própria economia que incentiva aplicações de baixo risco, com alto retorno. Vivemos durante algumas décadas com altos juros, o que representava um alto retorno de aplicações feitas em seu banco e grande dificuldade de busca de financiamento e investimentos por parte de empresas, devido aos juros elevados.

Nossa economia passou e vem passando por grandes transformações, e uma delas é o reflexo da taxa de juros e consequentemente do retorno das aplicações financeiras. Com juros menores, aquelas aplicações simples e sem risco, que bastavam ser depositadas em seu banco, começam a não ser mais tão interessantes. Muitas vezes a própria inflação é maior do que o retorno destes investimentos.

Estamos prestes a presenciar mais uma grande transformação na economia, com a grande valorização dos imóveis durante os últimos anos no Brasil, muitas grandes capitais e cidades já começam a sentir o reflexo dos altos preços.

Se as duas aplicações mais tradicionais do Brasil (poupança/renda fixa e imóveis) estão passando por uma transformação, o que isso quer dizer?

Diversificando aplicações

O investidor será obrigado a começar a diversificar suas aplicações financeiras, buscar outras alternativas de investimento, aprimorar ainda mais sua educação financeira e principalmente, se expor mais ao risco. O que consequentemente traz um grande benefício para empresas, tanto para bolsa de valores com suas empresas listadas, como para novas empresas, startups, que estamos analisando agora.

Não estou querendo dizer que este ou aquele são bons ou maus investimentos. Apenas que será necessário conhecer outras fontes de investimento e diversificar suas aplicações. E naturalmente as startups serão uma alternativa passível de análise.

Lembramos do equilíbrio entre renda fixa e renda variável (50/50), a combinação perfeita de uma carteira de investimento. As startups se enquadram no pote de renda variável por apresentarem um alto risco e consequentemente maior potencial de retorno, diferente de outras aplicações como até mesmo ações de empresas tradicionais da Bolsa, tendem a ter uma pequena participação da carteira de investidores. A regra aqui é, investir uma pequena parcela em várias startups, para que uma delas dê certo e compense o retorno do investimento desta e de todas as outras.

Por exemplo, o investidor que emprega capital em startups sabe que vai precisar investir em 10 empresas para conseguir uma grande recompensa. Assim como em vendas temos uma proporção de contatos a serem feitos para o fechamento de vendagem, com startups não seria diferente. É claro que quanto maior a experiência que o investidor vai adquirindo, maior sua sensibilidade de análise, mas ele vai errar e sabe disso, desde que o único acerto que tiver compense os demais erros. O mesmo conceito do aprender fazendo e errando que estudamos para a formação de um empreendimento, vale para a formação de uma carteira de startups como investimento para um investidor.

Quando buscar um investidor

Novamente vamos desmascarar alguns mitos propostos pela própria mídia com novos empreendedores. Se você ainda acha que terá uma ideia e no dia seguinte a venderá para um investidor, esqueça! Sinto lhe dizer mas sua ideia não vale nada! A pergunta de ouro para busca de investimento não é: "Qual a sua ideia?" e sim "O que você já fez?"

Investidores acima de tudo aplicam em empreendedores, nas pessoas que estão à frente do negócio, em sua equipe principal, em seus sócios, na sua capacidade de execução e gestão do próprio negócio. E com isso você terá que mostrar o valor, não unicamente de sua ideia, mas principalmente de você, sua equipe e do que vocês já fizeram tanto com sua ideia, como em sua vida, na prática, sem teoria.

Nos países desenvolvidos, onde o conceito de startups é ainda mais evoluído, é comum vermos investidores rejeitarem ótimas ideias pelo fato de seus idealizadores ainda não terem realizado nada, nem errado ou fracassado. Como a cultura empreendedora é bastante evoluída, o fracasso de um empreendedor é considerado um ponto altamente positivo para um investidor. Se você já errou e fracassou em três empresas, é sinal que você já realizou muita coisa, já tentou, já saiu da teoria, do papel, do planejamento, teve a experiência prática do dia a dia, aprendeu fazendo, literalmente. E esse é o maior valor de um empreendedor e consequentemente de sua startup.

O tópico sobre busca de investidor não está nesta ordem sem motivos, está aqui porque é aqui nesse momento que ele aparece. É depois de você já ter a ideia, formado a equipe, validado sua ideia no campo, errado e consertado algumas vezes, testado seu modelo de negócios, preparado sua empresa e sua equipe para automatização para, aí sim, quando forem iniciar a etapa de crescimento, avaliarem a possibilidade de buscar um investidor. Crescimento e não realização, perceba esta diferença. Investidores não são pais ajudando seus filhos a serem alguém na vida, empreendedores investem em quem já provou ter algo de valor e que vale a pena ser investido.

Aqui está um dos maiores equívocos de novos empreendedores: achar que sua ideia antes mesmo de qualquer uma destas etapas vale milhões ou que para conseguirem desenvolver qualquer coisa precisam de um alto investimento. Garanto para você que é possível sim começar um negócio sem investimento e que você não precisa de tanto dinheiro quanto imagina. Novamente vem à tona a influência cultural pela mídia e sociedade.

Como fiz minha primeira venda para um investidor

A busca de investidor em minha empresa, aconteceu após quase dois anos de sua fundação, quando já havia construído uma pequena história. No começo, como não tinha dinheiro e apenas uma ideia e sonho, busquei outras alternativas de crédito.

As mais comuns no início de um novo negócio são, dinheiro próprio, oriundo de uma reserva já feita pelo empreendedor, empréstimo bancário e empréstimo de familiares e amigos.

Não existe uma regra, nesta primeira etapa vale de tudo para construir o seu sonho, já ouvi e vi as mais diferentes histórias para isto, de cheque especial a limite de cartão de crédito. É claro que muitas dessas decisões não são nada corretas financeiramente, mas o sonho e vontade de realizar é capaz de ultrapassar qualquer regra e barreira. Nenhum consultor ou teórico recomendaria ou aprovaria tal atitude, mas sem ela diversos grandes negócios não existiriam, ou estariam até hoje à espera do momento e condições ideais o que já sabemos não existir.

No meu caso, como não tinha reserva financeira, não tinha crédito disponível no banco e também não tinha por perto nenhum maluco disposto a se aventurar me emprestando qualquer dinheiro, recorri a uma única solução que existia para mim na época. O único bem que tinha em meu nome era um carro popular, considerado o mais barato do Brasil, seco, sem ar-condicionado, sem direção hidráulica, mas que foi sem dúvida uma das principais ferramentas para construção de meu negócio. Já utilizei por três vezes para conseguir crédito no banco, onde utilizava a opção refinanciamento do próprio carro que já era meu, entre minha empresa e minha pessoa física. Os juros para a compra de carro próprio são hoje um dos mais baixos do mercado, devido ao grande incentivo do próprio governo e de toda a indústria por trás deste mercado, de montadoras a combustível. Enquanto no crédito pessoal assustadores 5% a 6% mês para pequenos valores, ou próximo a 10% de um cheque especial ou cartão de crédito, o financiamento do veículo estava a menos de 2% ao mês, com até 70% do valor do próprio carro disponível. É claro que ainda é alto se comparado as possibilidades de juros que temos ao investir nosso dinheiro, mas algumas vezes são menores do que as opções tradicionais de empréstimo.

Lembra de um dos pilares da cultura empreendedora, o capital? Pois é, infelizmente, no Brasil não existem opções acessíveis e de conhecimento popular para abertura de um novo negócio. A alternativa então, é utilizar a criatividade, e buscar as possibilidades para o seu caso.

Depois desta primeira etapa e início do negócio, utilizei recursos do próprio para sua manutenção e crescimento. Até que a busca do investidor foi um tanto quanto inusitada. Já falei anteriormente sobre o poder da mente e atração, e para mais uma validação deste conceito ou mera coincidência para outros, descobri que meu vizinho de escritório, colado ao nosso muro, que podíamos avistar diariamente pela janela, era um grande empresário da região que acabara de vender sua empresa do mesmo segmento de educação, para um grande grupo nacional.

Após algumas tentativas e apresentações para diferentes possíveis investidores, e diversos *nãos*, descobri essa nova possibilidade com o vizinho. Meu sócio na época, em uma conversa pela janela do escritório com o funcionário da casa do vizinho, pediu para que seu proprietário ligasse a seu vizinho, no caso nós, assim que possível. Sem mencionar nada em relação a negócios, empresa e investimentos. Em menos de 30 minutos, recebemos uma ligação. Imagino tudo o que pode ter passado pela sua cabeça, com um vizinho gritando pela janela e pedindo para que ligasse assim que possível. Nesta ligação, consegui agendar uma visita para que conversássemos pessoalmente, e após apenas dois encontros, de não mais do que uma hora ambos, o negócio estava fechado.

Para ajudar ainda mais, na manhã do segundo encontro, que aconteceria no início da tarde daquele mesmo dia, recebi um e-mail de um conhecido de São Paulo parabenizando pela matéria que havia visto no jornal Folha de São Paulo, um dos mais importantes do país. Sem saber do que se tratava, corri até a banca mais próxima, comprei o jornal, e vi minha foto em meia página do jornal, falando sobre o negócio. Era o argumento final que precisava para o encontro a seguir. Durante o encontro, o jornal ficou coincidentemente sobre nossa mesa de reuniões.

Algumas conclusões importantes a respeito:

- Não existe coincidência, as coisas acontecem da forma e no momento que deveriam acontecer. Diversas outras oportunidades de investidores acabaram não se concretizando até aquela data, nenhuma tão boa quanto esta. Muitas vezes nós lamentamos por um fato não ter acontecido, mas em um futuro não muito distante, entendemos o motivo. Você atrai aquilo que plantou e moldou em seu mundo mental.

- Você precisa buscar pessoas que estão familiarizadas com o seu perfil e segmento de negócio. Salvo exceções, um investidor de imóveis aplica em imóveis, um investidor de tecnologias em empresas de tecnologia, o de educação em empresas de educação, e assim por diante. As pessoas investem naquilo que possuem identificação, interesse, conhecimento e controle. Não busque pessoas apenas por terem muito dinheiro, mas pelo fato que elas serão um potencial investidor para seu negócio.
- Mais importante do que o valor do investimento para seu negócio, é a pessoa que está por trás do próprio investimento. O quanto ela pode agregar e ajudar você com seu nome, sua história, experiência, visão, seus contatos e etc. O dinheiro acaba e sobram apenas estes atributos. Você quer um sócio por seis meses ou um sócio por um longo período? É a mesma coisa que se casar com uma pessoa apenas pela sua beleza física, sem avaliar os outros atributos.
- Muito cuidado com administração deste recurso captado. Falta de dinheiro é ruim, mas o dinheiro em "excesso" também. É muito comum com dinheiro em caixa, os empreendedores se acomodarem em seu negócio, gastarem mais do que deveriam ou precisariam se não possuíssem tal recurso e inovar menos do que fariam na necessidade.
- Por último, investimento não é a solução para seu negócio, e pode inclusive, ser um grande problema. Você não leu errado. Esta é uma possibilidade de crescimento da empresa, mas nem sempre a melhor, dependendo de cada situação, timing e negócio.

Fundos de Investimentos, Equity e IPO

Após a entrada de um sócio investidor dois caminhos são bastante comuns, com o crescimento e alavancagem do negócio proveniente do próprio capital financeiro e intelectual injetado no negócio.

O investidor-anjo é aquele investidor conforme já falamos, geralmente pessoa física, que apostou em um projeto ainda bastante recente, em proporções de valores inferiores a um milhão. Logicamente o objetivo deste investidor é alavancar o negócio para ganhar com isso. Este ganho pode ser com a saída do próprio negócio e a concretização de seu retorno sobre o investimento feito, ou a permanência em médio e longo prazos.

O segundo *round* de investimento mais comum para isso seriam os fundos de investimentos. Agora, com o negócio já mais estruturado, com seu valor de mercado maior e fundos de investimento compostos por alguns investidores com valores superiores a um milhão, são a alternativa para um novo crescimento.

Neste momento o investidor-anjo tem sua primeira oportunidade de concretizar seu lucro e vender suas cotas, afinal já teve uma valorização maior do que no momento em que a comprou. O investidor anjo entrou no negócio com o objetivo da entrada de um fundo de investimento, e este entrou no negócio com a perspectiva do próximo passo, *equity* ou *IPO*.

Os dois momentos mais aguardados e sonhados por qualquer empreendedor, o ponto máximo de qualquer negócio, o resultado de anos de esforço, dedicação e investimento de seu tempo e trabalho reconhecidos pelo mercado, satisfação e realização máxima. Ou como já ouvi, uma frase sensacional a respeito, que peço desculpas mas não me recordo do autor: "O momento da entrega do diploma ao empreendedor".

Perceba aqui uma grande diferença entre empreendedor-empreendedor e empreendedor-empregado. Poucos empreendedores tradicionais iniciam o seu negócio, ou desenvolvem-no com esta perspectiva. Muitas vezes, o ponto máximo para eles é apenas o retorno sobre os dividendos do próprio negócio, seja por não ter interesse em abrir mão de parte dele, seja pelo seu apego, ou até mesmo pela dependência que ele ainda possui de seu empreendedor.

O *equity* é avaliação feita sobre o valor de seu negócio, para geralmente vender para outro grande *player* (empresa/concorrente) do mercado. Esta venda pode ser de alguns poucos percentuais, 50% ou até a totalidade da empresa. O empreendedor de fato se desfaz do negócio, embolsa um grande valor financeiro e/ou ações do novo conglomerado formado e vai desenvolver outros projetos, ou até mesmo curtir a vida.

Já o IPO (Oferta Pública Inicial, em inglês), é a oferta pública de ações de sua empresa na bolsa de valores, o que exige uma série de requisitos e transparência perante o próprio mercado, CVM e seus acionistas. Aqui em vez de uma única empresa adquirir parte ou totalidade de sua empresa, você distribui/vende ações para diversos investidores, que passam a negociar suas ações.

Não existe certo ou errado, é muito comum vermos empresas desenvolvidas que chegam neste estágio de maturidade em dúvida entre escolher o *equity* ou o IPO. O que depende muito do interesse do empreendedor em continuar ou não à frente do negócio e principalmente das próprias condições do mercado.

Na época em que escrevi este livro, em função de forte queda da bolsa de valores, afastamento de investidores estrangeiros e muita desconfiança da economia e política brasileira, muitas empresas que planejavam abrir seu capital, adiaram ou suspenderam sua ação, em função destas perspectivas do mercado. Em compensação, neste cenário, acontecem com uma maior frequência a compra e venda para outros grupos empresariais. As fusões e aquisições, que via de regra, devem passar pelo consenso e aprovação do CADE (Conselho Administrativo de Defesa Econômica), que avalia se tal fato pode ou não ser aprovado.

A pergunta a ser feita aqui, além da análise financeira, é: ainda posso contribuir para o benefício desse negócio?

Tudo na vida são ciclos e etapas de aprendizado e crescimento, principalmente a partir do momento em que você cumpre uma etapa é hora de virar a página e começar uma nova história. O questionamento mais fácil para isso é, ainda tenho aquela mesma energia e vontade ao acordar de manhã? Se aquela motivação e paixão já não são as mesmas, se ela não faz o seu coração bater forte e a adrenalina subir por suas veias, é hora de refletir.

Tenho o que contribuir ainda neste negócio ou já fiz a minha parte? Tenho o que agregar com trabalho, inovação, energia, novas ideias, ou é hora de renovar a empresa com sangue novo, novo gás, novas ideias. DESAPEGO, talvez seja a principal palavra para o empreendedor neste momento. Se você construiu um empreendimento e não um emprego, não tem porque se apegar a ele. Você construiu um negócio para a sociedade, para gerar empregos, para solucionar um problema. Você não construiu um negócio para inflar o seu ego ou para satisfazer a sua necessidade.

Neste momento sua responsabilidade é ainda maior, quantos funcionários, quantos clientes, quantas famílias, quantos fornecedores e parceiros, que dependem do seu negócio, daquele seu sonho inicial? Sua responsabilidade é muito grande e você não poderá brincar com o sonho e com a vida de todas estas pessoas. Não é fácil, claro, dói, mas é hora de libertar o filho para o mundo. Assim como uma mãe e um pai que colocam um filho no mundo, criam, educam, desenvolvem e vivem por ele, chegará um momento que sua missão como pai já se concretizou, o filho não é seu, o filho é do mundo. Dê asas para ele voar!

Reinventando sempre (processo de invenção em empresas já consolidadas)

Para o empreendedor que optou em continuar com seu negócio existe um novo desafio: continuar inovando e fazendo sua empresa gerar lucro, crescer e aumentar sua participação no mercado. Essa é uma das principais dificuldades das empresas que já alcançaram um grande sucesso. O motivo é bastante simples. Todo processo de inovação e empreendedorismo, que já vimos, é baseado em "aprender fazendo e errando". O que muitas vezes acontece em grandes e tradicionais empresas que chegaram ao topo é o medo e bloqueio do próprio erro. Novamente a imagem construída perante a mídia e sociedade, de uma empresa perfeita, intacta e de sucesso. Se esta empresa desenvolve um produto ou serviço que por algum motivo não se torna um sucesso, uma quantidade enorme de críticas da mídia e da mesma sociedade vem à tona.

Seus padrões de qualidade e inovação foram registrados com elevadíssimos níveis, e tudo que realizar de forma inferior a esse padrão será visto como fracasso.

Há uma grande pressão dentro destas empresas que não sabem administrar tal situação com a obrigação de inovar e construir novos produtos, ao mesmo tempo a tensão por não poder errar e desapontar o mercado.

Por que geralmente as grandes inovações e novos serviços vêm de novas startups e não de dentro destas grandes empresas?

Por causa da dificuldade em construir o ambiente empreendedor dentro destes espaços com o culto ao fracasso e erro. Uma startup como ainda é desconhecida no mercado, na mídia e na sociedade, não possui nenhum bloqueio ou pressão para inovar. Muitas delas quebram, outras milhares erram e modificam como já vimos, sem ninguém ficar sabendo. Ficamos sabendo apenas daquelas que tiveram sucesso e deram certo porém, todas as outras tentativas fracassadas, que foram essenciais para este sucesso, não se tornam de conhecimento público.

O resultado é a enorme tendência e até mesmo briga de grandes empresas pela compra de novas startups. É muito mais fácil elas comprarem estes novos negócios que deram certo do que desenvolverem internamente. Dinheiro muitas vezes não é problema para elas, mas a imagem e culto ao fracasso são extremamente perigosas para sua imagem perante a mídia e principalmente ao mercado, ainda mais quando estão listadas na bolsa de valores, que varia de acordo com a emoção e perspectivas de seus investidores e especuladores. E com toda certeza, um produto lançado sem sucesso, seria um prato cheio para derrubar as ações da empresa e criar fúria em seus investidores. Perceba a grande complexidade que de fato é administrar tal situação e continuar inovando.

O grande perigo está nestas novas startups incorporadas por grandes companhias também pararem de inovar, pelo mesmo problema criando um ciclo sem fim. Por isso a necessidade infinita de surgirem novas startups, para fazer a roda da inovação e do próprio crescimento não parar de girar.

Outro exemplo de empresa que vem sofrendo muito pela imagem que construiu perante a mídia é a Apple. Símbolo e referência mundial de inovação. Quanto mais inovam maior a pressão que sofrem por novas inovações, cada vez melhores e maiores.

O que muitos não entendem é que grandes novidades não surgem a cada mês ou todo ano. Outras vão surgir sem tanto sucesso, este é um processo natural da própria inovação. Essa ausência de novidades constante que é natural em qualquer empresa, serve para a mídia sinalizar, estampando em suas capas de revistas como uma demonstração de enfraquecimento ou de declínio.

Steve Jobs, quando estava sob o comando da Apple, falhou diversas vezes. Poucos sabem, mas a Apple é uma das empresas que mais fracassam em lançamentos de produtos, diversos foram produzidos e não tiveram sucesso. E isso é bom! Sinal de que não tinham medo de inovar e de tentar.

E as grandes inovações, os produtos que tiveram sucesso, desde os anos de 1980 na Apple, tiveram um grande intervalo de tempo em suas criações. Isso é natural e faz parte do processo!

Lição 09:
Franquias

Vamos dividir aqui em duas possibilidades. Você que já tem um negócio e quer se tornar um franqueador, expandindo sua marca para outros lugares. E você que não tem uma ideia e gostaria de comprar um negócio já pronto e testado, sendo um franqueado.

Como franquear seu negócio

O mercado de franquias está em franco progresso, crescendo mais de dois dígitos nos últimos anos, com uma média de 13 novas redes de franquias entrando no mercado a cada mês e mais de 3 unidades de franquias sendo abertas por hora no Brasil, segundo fonte da própria ABF (Associação Brasileira de Franchising).

O motivo é bastante simples: para o franqueador é uma alternativa barata e rápida de crescer e levar sua marca para lugares que sozinho, com unidades próprias, seria muito mais difícil e caro. Para o franqueado é a oportunidade de começar seu próprio negócio, aproveitando todo o *know-how* desenvolvido pelo franqueador.

Franquear o negócio parece o sonho de qualquer empreendedor, mas algumas orientações são importantes sobre este processo:

1. **Seu negócio é franqueável?**
   Falamos sobre isso no processo de construção do empreendimento. Se você agiu de forma correta nesta etapa, o momento de franquear será praticamente natural, caso contrário, volte para estruturar a casa.

Nem todos os negócios são franqueáveis, afinal este é apenas um de diversos outros canais de distribuição que serve muito bem para alguns negócios e para outros nem tanto.

A pergunta-chave aqui é, seu negócio está preparado para ser multiplicado, sem sua presença física? A prova mais fácil para esta resposta é analisando o seu negócio atual.

- Ele ainda depende de sua presença para ser desenvolvido?
- Depende de mão de obra altamente qualificada para ser desenvolvido?
- Já possui processos e automatização necessárias para não depender unicamente das pessoas?
- Já foi testado e validado no mercado?
- É viável financeiramente?
- Já teve a experiência de uma segunda unidade? Funcionou perfeitamente como a primeira?
- Se as respostas para estas perguntas foram positivas, já temos um bom sinal, vamos em frente.
- Por que alguém compraria uma franquia sua?

O que o seu negócio possui de diferente dos outros e qual a complexidade de alguém montar algo similar sozinho? Uma rede de franquias que está começando dificilmente tem uma marca totalmente forte e consolidada que justifique unicamente o investimento. Você precisará de outros diferenciais que fará o potencial franqueado precisar buscar com você e não com outros ou fazer sozinho.

2. Está preparado para cuidar da gestão dos franqueados?

A partir do momento que você adota o modelo de franquia, sua principal função como franqueadora será o desenvolvimento de novos franqueados. Sua rotina de trabalho mudará drasticamente, sua estrutura e equipe precisarão estar preparadas para este tipo de trabalho diferente do que tinham unicamente com o funcionamento de sua unidade própria. Agora você vai precisar cuidar do treinamento de seu franqueado, suporte, marketing e todos os tipos de problemas possíveis e imagináveis que vão surgir durante o caminho. É preciso realmente saber lidar com pessoas, com conflitos, com diferentes perfis e comportamentos. Uma rede de franquias é composta acima de tudo por diferentes pessoas, e consequentemente se torna impossível de agradar a todos.

A primeira franquia

O sucesso de sua primeira franquia será fundamental para o crescimento e continuidade de sua rede franqueada. Ela precisa dar certo, ter sucesso, ganhar dinheiro e precisa, acima de tudo, estar satisfeita com o franqueador. Tendo o primeiro piloto, testado e aprovado, o céu será o limite para você.

Expansão de Franquia

Se você obedeceu aos passos anteriores, expandir sua rede de franquias não será difícil, o difícil é sua gestão. Cada vez mais pessoas buscam opções para iniciar seu próprio negócio, e a franquia por sua aparente segurança é a principal alternativa deste perfil de pessoas. Estes que nunca tiveram um negócio próprio, que já juntaram um dinheiro em seus trabalhos anteriores e gostariam de iniciar seu próprio negócio, mas não sabem nem por onde começar.

Junto com a aparente facilidade, automaticamente vem uma grande rotatividade de franqueados. Muitas pessoas que se tornam "empreendedoras" de um dia para o outro através de uma franquia, não possuem preparo nem comportamento para tal atividade. Ainda estão atoladas em antigos conceitos e paradigmas de seu mundo anterior, quando eram empregados. Como consequência disso, falta de perseverança e qualquer pequena dificuldade durante o caminho já é o sinal para desistir. A culpa claro, nunca será dele. Afinal a mídia lhe mostrou que uma franquia é sinal de retorno financeiro garantido.

Você já viu alguma reportagem sobre as franquias que fecharam ou os franqueados que não deram certo? Desconheço, mas com toda certeza não é por falta de exemplos.

Algumas pessoas esquecem que uma franquia é como qualquer outro negócio, é preciso trabalhar, investir tempo, dinheiro, ocorrerão problemas, dificuldades, algumas gerais e outras particulares da própria região e todos os outros problemas de uma empresa tradicional. A única diferença é que você terá um ombro amigo, o franqueador, para ajudar você nesta hora. Mas preste atenção, ajudar é não fazer. O papel do franqueador é fornecer as ferramentas necessárias para o trabalho do franqueado e não executar para ele. Se fosse assim, não precisaria ter franqueado, não concorda?

A rede de franquia, assim como qualquer outra empresa, também possui problemas, dificuldades, momentos bons e ruins, o que refletirá em sua unidade franqueada. Portanto se você acha que está entrando em um negócio fácil, tanto como franqueado ou como franqueador, sinto lhe dizer, mas está equivocado.

Você iria se surpreender se soubesse ou se a mídia mostrasse a quantidade de franquias que fecham ou que mudam de dono. Franqueado acima de tudo é um empreendedor, e empreender não é para qualquer um.

Existe uma média utilizada dentro do segmento que divide os franqueados de uma rede em três grupos diferentes. O primeiro é aquele que de fato faz o que é orientado pelo franqueador, o segundo é aquele que acha que já sabe tudo e faz do seu jeito e o terceiro é o cara que não faz nada, que vive esperando alguma coisa cair do céu. Dos três grupos, apenas um tem sucesso dentro deste segmento, o primeiro claro. Ou seja, 1/3 de uma rede de franquias é quem de fato tem sucesso, outro 1/3 fica se batendo e não sai do lugar e o último 1/3 que não faz nada e pulará do barco.

Por isso as redes de franquias investem tanto em expansão de sua rede. Sabem que mesmo com todo treinamento, seleção e suporte, a regra dificilmente muda e a única alternativa para isso é ter cada vez mais franqueados para a própria seleção natural destacar aqueles que estão dispostos a ter sucesso.

As três principais ações ativas que destaco para a expansão de sua rede, são nesta respectiva ordem:

Assessoria de Imprensa: Como já comentamos uma rede de franquia, assim como qualquer empresa, precisa passar sua imagem de sucesso para o mercado e nada melhor do que usar a mídia espontânea para isso, com matérias e reportagens positivas a seu respeito.

Marketing digital: Sabemos que hoje para tudo, a principal fonte de pesquisa é a internet, o Google e sites especializados. Se você estiver bem posicionado e com relevância neste canal, suas chances de sucesso são bastante elevadas. Muitas pessoas que buscam uma franquia, não sabem qual gostariam de ter e muitas vezes nem o segmento, apenas querem ter seu próprio negócio. É nesta hora que sua marca deverá aparecer.

Feiras e Eventos de Franquias: Apesar de possuir um investimento relativamente alto, comparado às outras ações, tem sua devida importância principalmente pela exposição da marca a um fluxo de pessoas bastante qualificado. Vale ficar atento ao perfil do evento.

3. **Suporte e Treinamento**

   Por último, mas não menos importante, o suporte e treinamento de sua rede de franqueados que deverá acompanhar o ritmo da própria expansão. Este é um dos principais problemas de redes franqueadoras, seja pelo rápido crescimento ou pela falta de atenção a esta área de tanta importância. Por padrão, a maioria oferece um treinamento inicial e suporte. Mas sabemos que o desenvolvimento de um empreendedor não acontece de um dia para outro ou em apenas uma semana de treinamento, evolve muito trabalho. Por isso a importância de um investimento consistente e contínuo em qualificação e treinamento da rede. Hoje com alternativas de ferramentas de EAD é possível fazer um ótimo trabalho de capacitação em todo território nacional, com um investimento relativamente baixo.

Para o franqueado

Se você é um interessado em investir no mercado de franquias, é importante que conheça os pontos que destacamos acima, para saber selecionar a empresa ideal com a qual trabalhará.

Lembre-se, procure um segmento com o qual você se identifique e goste de trabalhar, não adianta procurar uma franquia ou segmento porque está na moda ou em rápida expansão. É o seu negócio acima de tudo. Não existe trabalho e nem negócio fácil. Você vai passar por todas as dificuldades de um negócio tradicional, por isso a paixão pelo trabalho será fundamental para lhe manter motivado com relação a esse negócio.

Naturalmente redes de franquias já consolidadas no mercado apresentam um investimento financeiro mais alto do que novas redes de franquias, o que não garante o retorno do investimento, mas diminui consideravelmente o risco do negócio. Vimos a grande quantidade de novas redes de franquias no mercado, estimuladas pelo rápido crescimento e enriquecimento de redes franqueadoras. Se você estiver escolhendo uma rede nova no mercado, nenhum problema, desde que atenda a todos os requisitos que comentamos e esteja consciente que o investimento menor que pagará, faz parte do próprio desenvolvimento do negócio, ou seja, você passará por problemas ainda desconhecidos junto de seu franqueador. As vinte primeiras franquias de uma rede franqueada devem estar dispostas e conscientes desta situação.

Assim como em uma startup, onde vimos que o investidor-anjo que aporta no novo negócio paga um valor muito menor do que um segundo investidor ou um fundo de investimento que entra quando o negócio já está evoluído, em contrapartida o risco deste investidor é muito maior do que do fundo de investimento. Um franqueado que entra em uma rede com menos de 20 franquias é o investidor-anjo deste exemplo que está comprando o negócio "barato" com perspectivas de médio e longo prazo, mas estando ciente dos riscos envolvidos neste negócio.

Uma rede de franquias começa a se autossustentar de fato, com mais de 60 franquias em média, quando o custo de gestão, suporte, treinamento e publicidade começa a ser diluído por este número de franqueados e o franqueador começa a ter independência financeira e tranquilidade para estes trabalhos.

Alguns termos comuns neste mercado:

- **Taxa de Franquia:** Investimento inicial para montar sua franquia, o que geralmente consiste no investimento para montagem do negócio diretamente e no investimento pago à própria franqueadora pelo direito de uso da marca e todo o *know-how* a ser transmitido.

- **Royalties:** Valor pago mensalmente à franqueadora, que pode ser fixo ou variável, a título de manutenção e suporte dos serviços oferecidos pela franqueadora.
- **Fundo de Publicidade:** Valor pago por franqueado com o objetivo de investir diretamente em publicidade e divulgação da marca da franqueadora, de acordo com as diretrizes definidas.
- **COF:** Circular de Oferta de Franquia. Documento obrigatório de uma franqueadora, que deve ser enviado ao interessado franqueado com no mínimo 10 dias de antecedência da assinatura de contrato da franquia. Com o objetivo de transmitir todas as informações necessárias sobre o negócio e a devida avaliação do potencial franqueado em desenvolver ou não o negócio.
- **Território de Atuação:** Muitas redes de franquias determinam um território geográfico para atuação da franquia, de onde o franqueado não poderá ultrapassar para desenvolver o seu negócio de forma a não conflitar com outras unidades franqueadas.
- **ABF:** Associação Brasileira de Franchising.
- **Master Franqueado:** Responsável pela expansão e suporte de novas franquias em uma região predefinida pela franqueadora. O Master Franqueado adquire o direito de vender novas franquias nesta região, que pode ser um estado ou país.
- **Micro Franquias:** Franquias com investimento de até 70 mil reais. Inicialmente era de 50 mil e em 2013 o valor foi reajustado.
- **Franquia Home Based:** Franquia que não precisa ter uma estrutura física, onde o franqueado desenvolve seu negócio de sua própria casa, em seu home office.

Lição 10:
Marketing de Rede

Também chamado marketing multinível, MMN, networking marketing e etc. Uma poderosa ferramenta de negócio, mais ainda muito mal utilizada no Brasil.

Antes de qualquer coisa, gostaria de deixar claro que não tenho envolvimento com nenhuma empresa, mas já estudei bastante sobre o mercado e suas principais empresas como um processo de conhecimento e evolução de empreendedor. Inclusive já me afiliei a algumas delas com o objetivo de conhecer o modelo de negócios de perto e principalmente seus treinamentos, apesar de nunca ter desenvolvido as atividades de fato.

Marketing de rede é uma poderosa alternativa de negócio, muito popular e difundida nos EUA e em países desenvolvidos, mas infelizmente, ainda bastante amadora no Brasil tanto em função de empresas não profissionais que prejudicam o mercado quanto pelo despreparo de muitas pessoas que entram neste negócio em busca de ganho fácil. Uma grande ilusão, como qualquer outro negócio ou investimento que prometa isto. Ao contrário das tradicionais pirâmides financeiras, esta modalidade é regulamentada sendo inclusive um canal de marketing dentro de seu estudo. Ela surgiu da evolução das tradicionais vendas diretas ou venda porta a porta, onde uma pessoa tinha o objetivo de vender de casa em casa produtos para outras pessoas – tipo de venda bastante comum no segmento de cosméticos.

Neste formato o vendedor era remunerado sobre suas vendas geradas ou simplesmente comprava os produtos com uma margem de desconto e revendia com lucro em cima. Fazendo um comparativo com os as situações que estudamos anteriormente, um profissional de vendas diretas estaria classificado como autônomo. Ele é livre para desenvolver suas atividades, mas o trabalho ainda depende unicamente de seu próprio esforço. Se ele não trabalhar não ganha.

Para conseguir sair da posição de autônomo e de fato desenvolver um negócio próprio dentro desta indústria, criou-se a possibilidade de construir uma equipe de trabalho, gerar renda residual e construir de fato um empreendimento. Com isso nasceu o marketing de rede, uma evolução das vendas diretas, com a grande diferença de permitir a formação de equipe ou o recrutamento de novos distribuidores e vendedores, que passarão a fazer parte de sua equipe e, consequentemente, gerar renda residual.

O processo inicial pode ser comparado ao sistema de uma franquia. O potencial distribuidor adquire o direito de uso da marca, os produtos e o know-how da empresa. Com a grande diferença que geralmente o investimento financeiro para este negócio é bem menor do que o investimento para implantação de uma franquia e aqui não há exclusividade de território.

Lembre-se que o principal trabalho de um empreendedor em marketing de rede, é vendas! Se você não gosta de vender e não está preparado ou disposto para aprender e treinar esta habilidade, este negócio não é para você.

Se algum negócio de marketing de rede lhe for oferecido com a falsa ideia de que não é preciso vender, cuidado, você pode estar envolvido por um esquema de pirâmide. Vamos entender a lógica deste mercado.

Toda empresa possui um produto ou serviço a ser oferecido e vendido no mercado, não importa o segmento para isso. Toda empresa precisa também vender seus serviços ou produtos para seus clientes, sem vendas não tem clientes, sem clientes não tem faturamento, sem faturamento não tem lucro e sem lucro não tem empresa. O grande objetivo de uma empresa é vender seus produtos ou serviços e para isso utiliza diversas estratégias comerciais e de marketing.

Grandes empresas gastam milhares ou milhões de reais todos os anos com equipes comercias e, principalmente, com divulgação na mídia, seja ela em tv, rádio, jornal, internet, entre outras. Todo este dinheiro que é gasto em mídia para atrair novos clientes, sai da empresa e vai para o fornecedor da mídia.

Como regra básica para formação de preço de qualquer produto ou serviço, levamos em conta, entre outros fatores, os custos fixos e variáveis da empresa. Quanto maior o custo da empresa, maior o preço do produto, ou a quantidade deste para ser vendido. Consequentemente, todo investimento feito pela empresa em mídias de divulgação influenciará direta ou indiretamente no preço daquele produto ou serviço.

O que o modelo de marketing de rede fez foi eliminar o alto custo de divulgação, distribuição e vendas de seus produtos ou serviços, repassando este mesmo valor para o próprio consumidor ou distribuidor da empresa. Em vez deste tipo de empresa gastar por exemplo 10% de seu faturamento em marketing e canais de comercialização, ele repassa este percentual para seus próprios clientes e distribuidores. É da compra e do consumo de produtos e ou serviços que vem a receita desta empresa.

Por isso inevitavelmente precisa ter produto, precisa ter consumo, precisa ter venda! E aquele consumidor que adquiriu um produto, usou, gostou e indicou para outro amigo, é remunerado por isso. Vamos a outro exemplo clássico deste segmento. Quando você vai a uma pizzaria, é bem atendido, gosta da comida e no dia seguinte convida três amigos para também irem até lá, você acaba de levar três novos clientes para o estabelecimento. Mas neste caso, você não ganhou nada para isso. Levou mais receita para a empresa, mas não foi recompensado financeiramente por isso. É o que não acontece no marketing de rede, você consome e indica para outras pessoas, mas é remunerado por isso.

Quanto à formação de equipe ou seleção de novos distribuidores que comentamos, tenho um outro exemplo bastante clássico:

Você desenvolve um próprio negócio, uma imobiliária para ser mais específico. Para este negócio, contrata alguns corretores imobiliários para trabalhar com você. Como em um processo tradicional de seleção de equipe de qualquer empresa, você investe uma grande quantidade de horas e recursos na formação e qualificação destes profissionais. Você passa todo o conhecimento que possui sobre o mercado para eles, afinal trabalharão para você e gerarão receita para sua empresa.

Até que um belo dia, um destes profissionais chama você em sua sala e lhe informa que está de saída e deixará a empresa para montar a sua própria imobiliária. Afinal, ele também possui o desejo e sonho de ser dono de seu próprio negócio e acha que agora é o momento ideal para realizar este sonho. O que acontece com você? Além de perder um funcionário e ter que repetir todo o processo novamente, com mais algumas horas de seleção, treinamento e qualificação, além de todo o recurso necessário para isso, acaba de ganhar um concorrente. Aquele mesmo profissional que você treinou por anos, que passou todo seu conhecimento, que abriu sua carteira de contatos e relacionamentos, passará a ser seu concorrente direto, sabendo tudo sobre você. Com o novo negócio de seu ex-funcionário, correrá o risco de perder clientes e faturamento.

Voltando para o caso do modelo de marketing de rede e aproveitando este exemplo, você como dono da imobiliária, investirá a mesma quantidade de horas no treinamento deste profissional, mas passará a ganhar um percentual sobre tudo o que ele gerar em seu novo negócio. Você passa a ganhar um percentual, além de suas vendas, sobre a vendagem de sua equipe formada por novos distribuidores, pelo fato de ter selecionado, treinado e qualificado esta pessoa que fará o mesmo com sua equipe em um processo cíclico.

Perceba a quantidade de dinheiro que a empresa matriz de marketing de rede está economizando com seleção, treinamento, qualificação, venda, divulgação, mídia, etc. É esta economia que é repassada para um exército de distribuidores, em altas comissões financeiras, em volumosos prêmios e viagens, comuns neste segmento.

É por isso também que as empresas que mais têm sucesso e que mais se mantêm por longos anos no mercado, são empresas dentro deste mercado de consumo de produtos, pelo simples fato que estes são consumidos todo mês e permite uma reposição rápida e fácil no mercado. É este consumo mensal e frequente que movimenta o sistema.

As grandes vantagens que destaco desta indústria, são:

- Forte programa de treinamento de empreendedorismo, vendas, liderança e educação financeira. Estas empresas investem e incentivam muito a leitura de livros destas áreas, palestras, cursos e eventos. Robert Kiyosaki inclusive indica este segmento, mesmo para aquelas pessoas que queiram apenas passar por um forte processo de treinamento, que foi o que eu fiz.

- Relacionamentos: como este negócio, mais do que qualquer outro, é feito por pessoas dos mais diferentes perfis, profissões, cidades, estados e países, você acabará por conhecer muitas delas e no mínimo, fazendo novas amizades.
- Baixo Investimento: o investimento financeiro para se começar um negócio de marketing de rede é, em sua grande maioria, menor do que muitos outros negócios tradicionais ou até mesmo franquias. Para quem possui pouco dinheiro para começar, pode sim ser uma boa alternativa.
- Renda Residual: se feito de forma certa e séria, pode gerar uma boa renda residual proveniente de sua equipe de negócios, objetivo de qualquer empreendimento.

Pontos negativos, ou cuidados a serem tomados:

- Imagem negativa, principalmente no Brasil, pela falta de informação e preparo de muitas pessoas, construiu uma barreira e discriminação muito grande para quem desenvolve este negócio. Então, esteja preparado para isso.
- O aparente ganho fácil e rápido, muito disso oriundo das próprias empresas de marketing de rede que produzem muitas vezes uma imagem e ideia de ganho fácil sem trabalho. Isto ajuda a prejudicar ainda mais a imagem do negócio e atrair pessoas desqualificadas. A realidade é que uma minoria ganha dinheiro e tem sucesso, apenas aqueles que compreendem seu verdadeiro conceito e que acima de tudo trabalham e se dedicam muito ao negócio.
- Não criar uma marca própria: assim como em uma franquia você trabalhará com a marca de um terceiro você tem o direito de uso da marca, mas ela não é sua, você não pode vendê-la a alguém. E sabemos que isto nos dias de hoje possui um grande valor no mercado. As pessoas que conheço e que de fato tiveram sucesso neste negócio foram aquelas que construíram sua marca pessoal. Este é um negócio de pessoas de confiança, credibilidade e qualificação. Grandes líderes deste mercado se tornaram verdadeiras referências investindo em sua marca própria e não na marca da empresa que eles representam. Isso permite inclusive que este profissional ao mudar de empresa, caso seja necessário, não prejudique o

seu negócio porque ele construiu a sua marca e as pessoas que estão com ele o seguirão porque compraram a sua marca pessoal e não a marca da empresa. Esta é uma grande diferença que separa as pessoas de sucesso.

- Achar que não é preciso trabalhar: este é um negócio como qualquer outro. Lembro de um conhecido, que hoje está financeiramente bem em função deste negócio, ter passado três anos inteiros trabalhando de manhã, à tarde e à noite inclusive no Natal e final de ano, exclusiva e unicamente no negócio, sem descanso, sem férias, até que começou a ter resultados e daí, claro, não parou mais. Isto vale para qualquer negócio. Você vai ter que trabalhar muito, vai ter muita dificuldade e é por isso que somente poucos têm sucesso, pois são aqueles que conseguem superar as dificuldades.

Fuja de qualquer promessa de trabalho fácil, ganho fácil, ou fórmulas mágicas. Isso não existe!

Lembre-se, pessoas compram de pessoas, não de empresas. Elas precisam comprar você antes de qualquer coisa.

Lição 11:
Negócios Digitais

Quem nunca sonhou em poder trabalhar de sua própria casa ou em diferentes lugares pelo mundo? Pois saiba que este conceito e prática vêm ganhando cada vez mais adeptos com todas as evoluções tecnológicas que estamos vivendo.

Verdadeiros nômades digitais, que com uma mochila nas costas, abandonaram a caótica vida das grandes cidades e suas rotinas para um estilo de vida diferente. Um estilo com o mínimo de rotina possível, sem horários tradicionais, escritórios, trânsito e sem a mesma vista tradicional.

Já falamos bastante sobre as mudanças do conceito de trabalho com o foco em criação, pensamento, ideias e informações, não mais em mão de obra física ou empregos tradicionais.

Se o seu objetivo é ser dono de seu próprio negócio, mas acima de tudo dono de sua vida, sem necessariamente precisar construir um grande empreendimento ou se tornar um multimilionário, sem dúvida, você precisará olhar a possibilidade de exercer negócios digitais.

A economia dos "bits" quebrou qualquer possibilidade de barreira geográfica, o que era comum nos negócios tradicionais. Dentre este mercado podemos dividir em duas áreas diferentes os tipos de produtos que utilizam a internet como canal de distribuição: os produtos físicos e os produtos digitais.

No primeiro caso, bastante comum no e-commerce tradicional, produtos de qualquer natureza passam a ser distribuídos pela internet. São produzidos no mundo físico e comercializados no mundo online. De forma a eliminar os tradicionais custos e limitações que o comércio tradicional poderia implicar a seu produto. Agora é possível vendê-lo para qualquer lugar do país ou do mundo com um pequeno aluguel mensal, referente à hospedagem de seu site. Uma destruição de custos gigante comparado ao mercado tradicional.

Como segunda possibilidade, e onde vamos de fato focar nosso estudo, temos os produtos feitos e comercializados no meio digital. Ou seja, não existe nenhuma necessidade física em todo o processo porque tudo acontece no meio online.

Ao contrário das vendas de produtos no meio digital, aqui as possibilidades de escala são muito maiores, os produtos são fabricados em bits e não em átomos ou matérias primas tradicionais. Ou seja, o aumento da demanda pelo produto ou serviço vai consumir apenas mais espaço no mundo virtual, sem necessidade de aumentar fábrica, produção ou matéria-prima.

Como todo o processo acontece online, a presença e localização física do empreendedor e da própria empresa tornam-se de fato totalmente irrelevantes. É neste caminho que empreendedores digitais permitem-se o luxo de não estarem enraizados em um único e determinado ponto, afinal seus negócios não dependem disso.

Os principais produtos para isso são sistemas, softwares, aplicativos, e-books, cursos online, assinatura, plataformas e etc. A maioria construída com informação e conhecimento, e não com tijolo ou cimento.

E a grande vantagem, além de não depender de presença física e geográfica, é que o investimento financeiro para seu desenvolvimento, lançamento e manutenção é muito baixo comparados aos modelos tradicionais. Ou seja, qualquer pessoa que esteja disposta a construir um produto nestas características, tem esta possibilidade.

Vamos dividir este mercado de produto digital e venda digital em dois caminhos alternativos:

- Desenvolvimento do Produto (InfoProduto)
- Revenda do Produto (Afiliados)

No primeiro caso, o processo que já vimos dentro de uma startup no caso de construção de um negócio inovador ou na construção de um produto com seu conhecimento e informações, no caso de e-books e cursos online.

Este é dos maiores exemplos do que vimos neste livro sobre a revolução do trabalho, da migração do esforço físico para o uso da criatividade e informação. E posso dizer, sem dúvida, este é um dos negócios de maior alavancagem financeira em relação ao custo e retorno sobre o investimento.

Logicamente que você possui uma demanda de tempo, principalmente para absorção de informações, conhecimento, estudo, pesquisas e práticas que vão dar base para a produção deste bem. Mas se você já é um especialista, se já desenvolve há alguns anos (anos e não dias!) este aperfeiçoamento e evolução dentro de sua área de trabalho, tem uma grande oportunidade em mãos de transformar isto em produto, ou como é conhecido nesta indústria em um infoproduto.

Aqui a sua grande fábrica é sua mente. Seu cérebro, o combustível e a energia nesta fábrica é o conhecimento, sua estrutura funciona 24 horas por dia, 365 dias do ano.

Essa fábrica já está disponível para todos e que poder de alavancagem possui! Transformar algo abstrato e intangível em produto e em dinheiro, literalmente.

Assim como qualquer outro negócio, sim isto é um negócio, envolve grande parte das etapas em comum de qualquer outra.

Produzindo Conteúdo

Cada um de nós possui uma história para contar, tem conhecimento ou experiência em algum assunto que pode ser útil para outras pessoas. Você pode ter passado por experiências que muitas outras pessoas não tiveram a oportunidade, pode ter estudado bastante sobre um assunto específico ou pode ainda fazer isso tudo.

Tudo isso custou para você tempo, investimento financeiro, erros e acertos, por que não ajudar quem está passando por um momento ou problema parecido com o seu?

Ao escrever esse livro, estou condensando mais de 10 anos de experiência empreendendo, muitos dos erros e acertos que cometi em vários dos negócios que já construí, os contatos que já tive com grandes empreendedores e investidores, além dos milhares de livros e horas que já investi estudando e buscando muito conhecimento sobre o assunto.

Isso precisa ser compartilhado e seria egoísmo manter todas essas informações apenas para mim. Quantas pessoas como você estão querendo iniciar um negócio ou já possuem um e precisam de ajuda? Milhares. Quanto podem economizar de tempo e dinheiro, aprendendo com quem percorreu este mesmo caminho?

Isso não tem preço, esse é o poder do conhecimento e informação compartilhados.

Acontece que muitas pessoas não percebem que também têm alguma coisa para contar. Todos nós temos! Sempre haverá alguém que está alguns degraus abaixo de você, não por ser pior ou por estar no início ou ainda, não ter estudado e vivenciado o mesmo que você.

Ao mesmo tempo, claro, que sempre existirão pessoas alguns níveis acima de você, esse é um processo natural da vida humana. Cada um tem o seu tempo de evolução, cada um tem a sua própria história e o seu momento de vida.

É por isso que o modelo de educação vem sofrendo adaptação, ainda que lentas, para o novo processo de aprender. Aprendemos em todos os lugares e com todas as pessoas. Cada pessoa tem algo a ensinar, todos somos de alguma forma e em algum momento professores.

Esqueça o antigo conceito de professor e aluno onde apenas uma pessoa ensina e outras aprendem. Todos aprendem e ensinam, simultaneamente.

Quando entendemos isso em conjunto com as plataformas e canais digitais que temos ao nosso alcance nos dias de hoje, entendemos o funcionamento deste novo mercado, ainda recente no Brasil e já muito mais evoluído nos EUA, dos negócios digitais ou infoprodutos.

Até um tempo atrás para ensinar alguém você precisava ser um professor, precisava ocupar este cargo ou precisava escrever um livro, ministrar uma palestra em um auditório. Mas a internet quebrou todas as fronteiras do processo de ensinar e aprender. Qualquer pessoa pode ensinar qualquer coisa para qualquer um usando a internet.

O custo para isso e a estrutura é muito menor e o alcance muito maior. Você pode de sua própria casa, com um computador ou smartphone ensinar pessoas de qualquer lugar do mundo. Isso é incrível e era inimaginável há poucas décadas.

O crescimento por unidades próprias ou franquias não é mais o único caminho de crescimento, a internet abriu um novo canal de distribuição.

E atenção, esse mercado já movimenta milhões! É um mercado enorme que ainda é muito recente por aqui e tem muito espaço para crescer, por isso você precisa considerá-lo.

"Ok, entendi que existe esse mercado, mas como faço?"

Identificar o seu nicho e mercado

O primeiro passo é identificar o seu nicho e mercado no qual você gostaria e teria condições de atuar. O que você pode ensinar?

Basicamente temos 4 grupos principais que apresentam a maior parte deste mercado:

1. Finanças e Negócios
2. Saúde e Emagrecimento
3. Relacionamentos
4. Hobbys em geral

Isso é apenas para você entender algumas das possibilidades e onde se concentra a maior parte do mercado hoje, cada um desses grupos se ramifica em vários nichos menores e abre centenas de possibilidades. Mas de qualquer forma, você não precisa se limitar a esses, é apenas uma amostra, crie o seu se necessário.

Para a definição do seu nicho e mercado é importante alguns cuidados:

- Estar de fato em um nicho que você domina e ter propriedade para falar e ensinar alguém. Assim como em todos os tipos de negócios que já vimos, com esse não é diferente, quanto menor a barreira de entrada maior é o número de pessoas fazendo coisas erradas. Tem muita gente que lê alguns poucos livros e em poucos dias acha que já pode ensinar alguém. É preciso ter bom senso e saber de fato se você pode agregar valor para outras pessoas com seu conhecimento.

- De preferência que você já tenha experiência prática com isso. Não adianta falar de negócios se você nunca teve um, de emagrecimento se você não consegue emagrecer ou de relacionamentos se você tem problemas com isso. Tenha propriedade no que fala e principalmente histórias reais e verdadeiras para contar.
- Assim como no mercado de startup, você precisa identificar um que seja comprador. Ou seja, é preciso que existam pessoas dispostas a pagar pelo que você tem a oferecer.
- Encontre um nicho pouco explorado. É muito mais fácil você iniciar a geração de conteúdo em um pequeno nicho que do que em um nicho amplo e já bastante explorado. Ramifique seu nicho até chegar a um tema que é pouco explorado.

Posicionando-se como autoridade nesse mercado

Autoridade se constrói com o tempo e não de um dia para o outro, tenha isso claro. Tanto no que se refere ao que você aprende, como no que as pessoas percebem de valor em você.

A palavra-chave aqui é consistência.

Mesmo para os aparentes casos em que se constrói autoridade de um dia para o outro, é certo que existiu muito trabalho e tempo por trás, o que às vezes não é de conhecimento de quem está do outro lado.

Autoridade é se tornar referência no que você faz. É importante deixar claro que autoridade é diferente de fama. Você não precisa ser famoso na grande mídia para ter importância. Lembre-se que você construirá seu prestígio em um nicho de mercado. Por exemplo, você será autoridade em ensinar marketing digital para *personal trainer*. Para esse público você será conhecido ou "famoso", o que não quer dizer que você sairá pela rua sendo reconhecido.

Muitas pessoas confundem isso e novamente ressalto a importância de ter definido o seu nicho de atuação. Quanto mais específico for seu nicho, mais fácil será construir sua autoridade. Quanto mais amplo o seu nicho for, mais difícil ou demorado o processo.

Existem várias formas de construir autoridade, vamos falar sobre algumas das principais delas.

Produzir muito conteúdo:

Isso é básico e perceba que todas as autoridades em nichos de mercado produzem muito conteúdo gratuito para quem as acompanha. É através deste conteúdo que quem está do outro lado enxerga valor e percebe que de fato aquela pessoa conhece do assunto. Quando você começa a produzir muito conteúdo (de qualidade e valor) que ajude no seu nicho de mercado, você começa a construir sua autoridade.

Mas, novamente vale reforçar. Esse é um processo que se desenvolverá em longo prazo e não de um dia para o outro. É preciso ter muita consistência e regularmente seguir essa atividade, com qualidade, claro.

Mostrar resultados:

Outra forma de construir reputação é de fato mostrando resultados, afinal é isso que importa no final do mês. Você construiu uma empresa de sucesso, entregou resultado para seu cliente, teve algum destaque pelo que fez. Isso é resultado e resultado gera autoridade.

Ter depoimentos:

Depoimento é fundamental, não apenas para quem começa um negócio digital, mas também para qualquer outro negócio. O depoimento além de dar mais segurança e confiança para quem ainda não lhe conhece ou não sente-se totalmente seguro em comprar ou consumir algo de você, elimina muitas das objeções frequentes.

Uma prova social é algo verdadeiro que gera identificação com quem está do outro lado. Quanto mais depoimentos você tiver e de diferentes perfis, melhor. As pessoas se identificam com quem tem alguma semelhança com elas ou faça parte de um mesmo grupo, por exemplo, pode ser o depoimento de alguém da mesma cidade de seu potencial cliente, da mesma profissão, com os mesmos problemas ou que está na mesma situação, etc. Isso também pode ser chamado de prova social.

Como produzir conteúdo:

Essa é uma dúvida muito comum. Muitas pessoas não sabem por onde ou como começar a produzir conteúdo. Como já falamos, em função dos mais diversos formatos que surgiram com a tecnologia, temos também várias maneiras de produzir e consumir conteúdo.

Escrever um livro, por exemplo, não é mais a única maneira de produzir conteúdo, apesar de ainda ter sua grande importância e impacto em todos os sentidos.

Você pode produzir conteúdo em texto, em vídeo, em áudio, em imagem, da forma que você se sentir mais confortável. Com o tempo é importante que você produza o mesmo conteúdo nos mais diversos formatos. Por exemplo, sobre o mesmo assunto eu posso produzir um texto, um áudio e um vídeo. Como cada pessoa que consome tem preferência em consumir o conteúdo de formas diferentes, quanto mais formatos forem oferecidos, melhor. Há pessoas que gostam de ler, outras que criaram o hábito de ouvir podcast, uma mídia que está em grande evidência no Brasil (vamos falar mais sobre ela), outros que precisam ver um vídeo, pois apenas o áudio ou o texto dispersa a atenção.

Sobre três formatos principais:

Texto:

- Você pode produzir pequenos textos em sua rede social (Facebook, Linkedin, Google+, Twitter, etc.).
- Produzir um e-book e disponibilizar em sua página (vamos ver mais sobre isso).
- Enviar via e-mail para sua lista de endereços eletrônicos (vamos ver como construir uma e sua importância).
- Escrever artigos para sites e canais terceiros.
- Criar um blog e escrever por lá.

Áudio:

O canal mais utilizado hoje para isso é o podcast, através dele você pode gravar um arquivo em áudio para as pessoas ouvirem via computador ou celular. A grande vantagem é justamente essa, poder consumir o conteúdo enquanto está no carro, na caminhada, na academia, na fila do banco, etc. Nos dias de hoje em que o tempo é cada vez mais escasso, essa mídia acaba ganhando cada vez mais destaque por suas facilidades.

Vídeo:

O consumo de vídeo na internet vem crescendo a cada ano, diversas plataformas e redes sociais permitem o compartilhamento de vídeos.

Como o acesso à conexão da internet é cada vez maior, essa mídia naturalmente ganha cada vez mais espaço. A grande vantagem dela é fornecer ainda mais contato e autoridade pois nele, as pessoas podem ver quem está do outro lado da tela.

Além do vídeo gravado, também há a possibilidade de produzir palestras online (em vídeo), que além de todas as vantagens do vídeo permite também uma interação em tempo real.

Por que oferecer muito conteúdo gratuito?

Até agora não falamos em criar diretamente um produto para ser vendido. Isso porque, como já comentamos, antes de vender você precisa oferecer muito conteúdo gratuito para gerar autoridade e interesse de quem vai acompanhar você ou sua empresa.

Aqui surge uma dúvida muito comum de quem está entrando nesse mercado: "Como vou oferecer o meu conteúdo gratuitamente?" ou "Se eu oferecer muito conteúdo gratuito, ninguém vai querer comprar depois."

Veja bem, você compraria alguma coisa que não conhece ou que não sabe para que funciona ou como isso pode ser útil? Provavelmente não. Antes de comprar qualquer coisa, você precisa saber se aquele produto é necessário.

Pare de tentar vender e comece a educar!

Uma das maiores características da globalização e da era pós-digital é a grande quantidade de opções que temos disponíveis para comprar qualquer produto ou serviço. São diversas opções, cores, tamanhos ou formatos. Como consumidores somos bombardeados o tempo todo com ofertas e promoções.

Nesse cenário é natural que muitas dúvidas surjam no processo de compra. Eu como consumidor posso ficar em dúvida quanto o que é melhor para mim ou até mesmo o que eu preciso entre tantas opções.

O que faço então?

Começo a procurar ajuda.

E para quem eu pergunto?

Para o Google, Redes Sociais e grupos online.

Preciso de informações, não apenas descrições técnicas ou características do produto ou serviço, isso não ajuda a resolver a minha dúvida, muito pelo contrário, me deixará mais confuso. Preciso saber se ele realmente é ideal para o que eu necessito.

Todo negócio resolve (ou deveria resolver) um problema, se eu tenho esse problema, sou um potencial comprador.

É aqui que grande parte das marcas, empresas e pessoas erram no processo de vendas. Você precisa mais do que nunca gerar informação de qualidade e relevância para educar seus potenciais clientes e ajudá-los no processo de decisão.

Nos dias de hoje podemos dizer que vender é educar. O papel do vendedor na era pós-digital é ensinar e não vender. E ensinar pode ser por diferentes caminhos ou formatos, um artigo, blog, vídeo, áudio, palestra, livro e até de fato, uma orientação consultiva que não fale do seu produto ou serviço, e sim do problema que seu cliente em potencial tem. As pessoas querem saber sobre elas, não sobre o seu produto. Na verdade, não dão a mínima para a missão, visão e valores de sua empresa, se ela tem filial em Hong Kong ou nos EUA, elas querem saber como você vai ajudá-las a resolver o seu problema. É sobre ele (consumidor) que recai a importância, não sobre a empresa.

Ou seja, antes de vender qualquer coisa, você educará, ensinará, preparará seus potenciais clientes com informações que são úteis para eles.

Quando você faz isso, você gera confiança e autoridade, processo natural que sentimos quando de fato conhecemos alguma pessoa especialista sobre determinado assunto. O educador é a pessoa que mais gera confiança e autoridade, afinal, ele está te ensinando algo.

Como pessoas compram de pessoas, antes de qualquer coisa, quando você gera informação, além de ajudar no processo de decisão, automaticamente você ativa os gatilhos mentais de confiança e autoridade de seu cliente.

Está vendo a importância e o papel de educar nos dias de hoje?

Esqueça aquela imagem de que educador é quem está dentro da sala de aula. Aprendemos em todos os lugares e a todo momento. Qualquer pessoa hoje, utilizando a internet, pode se beneficiar de diferentes canais para compartilhar sobre o que sabe e tem conhecimento. Para a educação na era pós-digital não existem barreiras ou restrições geográficas.

Falamos até agora do cliente que já sabe o que quer comprar, mas tem dúvida no meio de tantas opções. E aquela pessoa que ainda não sabe que precisa de seu produto ou serviço?

Aqui o processo de educar se torna ainda mais relevante. É somente educando as pessoas que você poderá prepará-las para um processo de compras. Afinal, você não compraria algo que você não sabe que precisa, não é mesmo?

Se você ainda não entendeu que o processo de compra mudou, e consequentemente o processo de vendas também, comece a considerar isso.

Acredito inclusive que as empresas do futuro serão as novas salas de aula, sendo uma grande fonte de conhecimento e informação.

Pare de tentar vender e comece a educar!

Construindo sua lista de e-mail:

Agora que você já escolheu seu nicho e começou a disponibilizar muito conteúdo gratuito, vamos começar a construir o seu bem mais valioso dentro do mercado digital, sua lista de e-mail.

Se você pensou que o e-mail já havia desaparecido ou sido substituído por outros canais de comunicação, está bastante enganado. Ele ainda é um dos recursos mais utilizados na internet, afinal, para você utilizar qualquer serviço ou rede social, você precisa de uma conta de e-mail.

E diferentemente de seguidores, o e-mail é o único recurso que você tem total controle sobre ele. Se você, por exemplo, criou uma página no Facebook para compartilhar conteúdo, saiba que apenas de 1% a 3% das pessoas que curtiram sua página verão o que você postou em sua timeline.

Isso mesmo, você fez um esforço enorme, talvez até tenha pago por isso para que as pessoas curtissem a sua página e agora, uma fração muito pequena delas terá acesso a seu conteúdo. Isso porque, claro, o Facebook, assim como qualquer outra rede social, precisa ganhar dinheiro também. Então cada vez mais ela diminui o alcance orgânico de suas publicações para que você seja obrigado a pagar ou patrocinar o seu *post*, se quiser fazer com que mais pessoas o vejam.

Usei um exemplo apenas do Facebook, mas este pode ser usado como referência para qualquer outra rede social. E o ponto principal aqui é: você não tem controle sobre isso. Estará sempre dependendo das regras do serviço. Se amanhã ou depois uma delas acabar, você perderá todas os contatos que estavam lá.

O que não acontece com os e-mails, eles são de sua propriedade, a não ser que a pessoa mude de e-mail, você poderá continuar comunicando-se com ela.

Por isso ele tem tanto valor para os negócios digitais. Veja bem, não estou dizendo que você não deva ou não vá usar as redes sociais, muito pelo contrário. Elas são muito importantes para seu negócio. Mas seu objetivo principal sempre será ter o e-mail de quem te acompanha para ter contato direto com ela, sem intermediação de terceiros.

Para você entender como terá acesso ao correio eletrônico de alguém, ou como construirá sua lista de e-mails, precisamos deixar claro que não estamos falando de spam ou comprar lista de contatos.

Essa prática, ilegal, foi muito comum durante muito tempo, afinal todo canal de comunicação ou rede social precisa de tempo de aprendizado para sua utilização e nós precisamos passar por um período de conhecimento e adaptação com cada uma delas.

Esqueça aqueles e-mails que você recebe de propaganda, de spam ou de quem você não conhece.

Estamos falando de construir uma lista de e-mails de pessoas que te conheçam e que querem receber a sua correspondência eletrônica. Afinal, você não vai enviar spam ou propaganda e sim conteúdo de muito valor, que ela fará questão de ler e estará ansiosa para receber.

Para isso, uma das práticas mais comuns do mercado é oferecer inicialmente um material gratuito em troca do e-mail da pessoa. Ou seja, o usuário deixa o seu endereço eletrônico e você enviará um material que ela tenha interesse.

Esse material pode ser um vídeo, um e-book, um áudio, um e-mail com dicas, ou simplesmente se cadastrar na sua lista para receber toda semana novas dicas.

O e-mail passa a ser uma moeda de troca, o usuário lhe oferece o seu endereço eletrônico e em troca, você oferece algo de valor. Para que isso de fato aconteça, perceba a importância de entregar um conteúdo de valor.

Durante a elaboração de sua lista, existem várias ferramentas que você pode utilizar para realizar tanto a captura dos endereços eletrônicos quanto para o envio dos e-mails. A partir de então, você começará a enviar toda semana um conteúdo de valor para quem te acompanha.

Conteúdo gratuito, de qualidade, que agrega valor para quem está do outro lado. Tudo isso faz parte do processo de criar sua autoridade e ajudar quem tem segue.

Novamente, esse é um trabalho que leva muito tempo e exige esforço. Não existe fórmula mágica, nem dinheiro fácil, desconfie e se afaste de quem promete isso.

Criando os primeiros InfoProdutos:

A partir do momento em que você começa a fazer essa engrenagem funcionar e depois de um certo tempo que gerou engajamento com seu conteúdo, você começará a pensar em alguns produtos que podem ser de utilidade para quem te acompanha em sua lista.

Esses produtos serão pagos e é isso que fará o seu negócio se sustentar. Lembrando que você continuará a sempre gerar conteúdo gratuito, e para aqueles que tiverem interesse em se aprofundar no assunto, haverá a opção de um material mais completo e pago.

Existem dois tipos de moeda: tempo e dinheiro. O maior grupo de pessoas hoje tem tempo, mas não tem dinheiro. Logo esse grupo não é o potencial cliente para comprar o seu produto pago, mas possui tempo para acompanhar e ver todos os seus materiais gratuitos.

Ao contrário do que muitos pensam, esse é o grupo mais importante. Você precisa deles, por isso precisa continuar ajudando esse grupo com muito conteúdo gratuito. São eles que vão gerar depoimentos para você, são esses que realmente serão eternamente gratos pelo que fez e quando puder recompensarão de alguma maneira, financeiramente ou não.

O trabalho que você tem é o mesmo para gerar um conteúdo gratuito que será visto por uma ou por um milhão de pessoas. Então, quanto mais pessoas, melhor.

O outro grupo, que tem dinheiro mas não tem tempo, é o que de fato pagará por sua solução. Eles não têm tempo para acompanhar e procurar por todos os conteúdos gratuitos que você oferece, precisam de uma solução rápida, objetiva e de curto prazo. E estão dispostos a pagar para isso, já que sabem que o tempo deles tem um grande valor.

Como eles sabem que você gera muito conteúdo (tem autoridade) e também tem muito depoimento de quem tem tempo e não tem dinheiro, eles comprarão a solução que você tem a oferecer se de fato resolver o problema deles.

Ficou claro isso para você?

A maioria das empresas foca unicamente neste último grupo e esquece-se do maior deles que são as pessoas que têm tempo e não têm dinheiro. Invista neles e verá que além de resultados para o seu negócio, trata-se de um grande propósito e significado para sua vida. É realmente intangível o valor de ajudar a mudar ou melhorar a vida de uma pessoa. Um muito obrigado ou mensagem de agradecimento nessa hora pode ter um valor bem maior do que apenas uma transação financeira.

Falo isso por experiência própria. Há dois anos comecei a desenvolver esse trabalho e realmente é fantástico saber que você contribuiu para a vida de alguém, que muitas vezes nem conhece.

Na era da informação e conhecimento, a internet lhe permite de uma forma muito fácil e barata oferecer algo gratuitamente para um grande número de pessoas.

O que talvez seria inviável no meio físico tradicional, já que você não possui os custos tradicionais de logística e produção. O único custo é seu tempo, a distribuição é livre!

Aproveite o poder da tecnologia e compartilhe um conteúdo de valor com o real e sincero desejo de ajudar outras pessoas!

Formatos de Infoprodutos:

Os infoprodutos que você poderá produzir também podem ter diferentes formatos. Pode ser um e-book, um curso online, uma assinatura para acesso a vários conteúdos, uma palestra, um arquivo em áudio, ou até mesmo produtos individuais como consultoria e mentoria.

Todos esses são produtos que envolvem o seu conhecimento e também é importante disponibilizá-lo em diferentes opções.

Por exemplo, no meu caso. Além do livro físico, também tenho e-book, curso online, portal de assinatura, consultoria e mentoria online.

Estes são serviços pagos, mas além desses, produzo muito conteúdo gratuito de todos os formatos que comentei. Se procurar em meu site: joaocristofolini.com.br ou digitar o meu nome no Google, verá um pouco do que estou falando na prática.

Produtos de alto valor:

Além dos produtos digitais, outros que continuam tendo grande importância dentro do mercado de conhecimento: consultoria, mentoria, palestra, MasterMind.

Aqui você também está vendendo o seu conhecimento, a sua experiência e a sua rede de relacionamentos, para outras pessoas que precisam de sua ajuda.

Bem-vindo ao mundo da economia baseado em conhecimento e informação. Um universo novo e muito rico.

Afiliados:

Outra opção ainda dentro do mercado digital são os afiliados. Se você gostaria de fazer parte deste mercado, mas não tem propriedade ou interesse em gerar conteúdo e produtos digitais, você pode ser um afiliado.

O que é isso?

Afiliado nada mais é do que um "representante" de algum produto já desenvolvido. O papel do afiliado é também construir uma lista de pessoas interessadas em algum assunto, mas para isso ele vai usar o conteúdo, materiais e produtos de um terceiro que o tenha autorizado, ganhando assim um percentual sobre cada venda gerada por ele.

Seu papel principal é gerar tráfego, imagine o exemplo de um shopping center. O papel do shopping é reunir para você, em um único local, várias opções. O afiliado é isso, aquele que pode trabalhar com um único produtor digital ou ter uma carteira de produtos digitais para diferentes perfis e pessoas.

Prestador de Serviços:

Se você é um prestador de serviço autônomo, poderá fazer tudo que já falamos para transformar o negócio "VOCÊ" em um empreendimento replicável e escalável. Separei algumas dicas importantes para fazer de você um negócio de fato.

Muitos profissionais esquecem que eles são seus próprios negócios e deveriam utilizar muitos dos conceitos de empreendedorismo para gerir a sua carreira e marca.

1. **Seu nome é sua maior marca:**

   Você está vendendo-se. As pessoas compram de e por causa de você, então é imprescindível que faça de sua marca pessoal a marca do seu negócio.

   Quando as pessoas falam o seu nome, lembram e associam com quem? Como está o posicionamento de sua marca pessoal como marca? O que encontram ao procurar você na internet?

   Registre seu próprio domínio: Isso é muito simples, fácil e barato, mas pouquíssimos profissionais fazem isso. Entre agora mesmo no **registro.br** e faça o seu domínio se ainda não o fez. Você precisa ter uma página na internet, seja um blog, uma *landing page*[1] ou uma simples apresentação profissional.

   Esse domínio pode ser seu próprio nome ou a marca que você por ventura já utilize.

   O mesmo fará em todas as suas redes sociais e canais, padronize seu nome. Esse é outro erro muito comum. Muitas vezes tenho dificuldades de achar um determinado profissional porque ele usa diferentes nomes. Padronize, escolha e replique o mesmo em todos os canais. Por exemplo, meu nome completo é João Henrique Cristofolini, mas padronizei como minha marca pessoal João Cristofolini. Logo, vocês me encontrarão em todo e qualquer canal com esse nome.

2. **Suas redes sociais:**

   Já falamos que não existe mais distinção entre vida pessoal e profissional, muito menos na internet. O que você posta ou fala na sua rede social, que você acha pessoal, está automaticamente moldando a sua imagem profissional.

   Por isso, tenha cuidado com o que fala, compartilha e como se comporta nesses canais.

   A foto que você usa de perfil está de acordo com a imagem que você quer passar? Que atributos que ela transmite sobre você?

   Uma simples imagem fala muito sobre você e pode ser fator decisivo em muita contratação.

---

[1] É a página de destino ou página de entrada de um site, muito utilizada em campanhas de marketing online.

3. **Que conteúdo você publica ou compartilha? Tudo que falamos sobre conteúdo vale para você.**

   E por último, entenda que você é um negócio, um empreendimento, logo utilize todas as estratégias que vimos para isso.

Observações

Assim como em todo e qualquer mercado é importante distinguir o que funciona e o que não funciona, o que é correto e o que não é, quem são os bons e os maus profissionais. Infelizmente, ou felizmente, isso sempre existirá em qualquer área e mercado, como processo natural de evolução e seleção.

Então, muito cuidado com promessas de trabalho ou ganho fácil, isso não existe. Tudo é empreendedorismo que é exercido por caminhos diferentes e cada um tem suas próprias dificuldades.

Não existe atalho, existe muito trabalho, dedicação e persistência!

Seu nome e reputação são seu maior patrimônio.

Lembre-se sempre que, não importa o perfil do negócio ou caminho que você escolher seguir dentro do empreendedorismo, nas diferentes possibilidades que vimos até aqui. Negócios surgem e morrem em uma velocidade muito grande, fracassos acontecem, marcas desaparecem ou mudam. A única coisa e seu maior patrimônio como empreendedor não será de forma alguma a sua empresa, e sim, a sua marca.

Está é a única marca que estará sempre presente, que não desaparecerá enquanto você estiver neste mundo. Passe crise, mude o país, empresas, ou segmentos, sua marca pessoal sempre estará lá, presente.

Com isso você terá todos os seus conteúdos disponíveis para qualquer pessoa através de pequenas buscas digitais.

Que imagem você quer transmitir ao mercado?

Como você quer ser lembrado e "buscado" pelas pessoas?

A sua marca sempre estará acima de qualquer marca corporativa. Cuide bem dela, desenvolva-a e valorize-a, mesmo você usando ou não diretamente em seu negócio.

Entenda os diferentes caminhos para empreender

Meu principal objetivo ao mostrar os diferentes caminhos que temos para empreender nos dias de hoje é permitir que você entenda que não existe um único ou melhor caminho. Todos eles são válidos, importantes e possuem suas vantagens e desvantagens. É importante você conhecê-los e principalmente, extrair o melhor de cada um deles.

Mesmo que você não queira ter uma startup, pode extrair conhecimentos valiosos sobre isso. Você já sabe que precisa agir rápido, que só o mercado e a prática podem de fato te mostrar se está no caminho certo, que é importante errar o mais rápido possível para aprender e melhorar, gastando sempre o menor valor possível.

São conceitos universais que podem ser incorporados por qualquer empreendedor, de qualquer área ou formato. O mundo está mudando, o modelo de empreender também e é muito importante entendermos os novos conceitos.

Mesmo que você não queira atuar no mercado de franquias, franqueando o seu negócio ou sendo um franqueado, você pode extrair importantes lições sobre padronização, sobre como criar processos e criar sistemas para que seu negócio se desenvolva da melhor forma.

O mesmo vale para marketing de rede, se não é o seu modelo de negócio ou não deseja entrar em uma empresa, pode extrair o grande processo de treinamento que existe dentro desse mercado. Já tive a oportunidade de assistir palestras em eventos de algumas grandes empresas do mercado e realmente o ambiente, clima e energia desses eventos são diferenciados. Por que não incorporar o que há de melhor aqui no treinamento, qualificação e motivação de sua equipe?

Dentro dos negócios digitais, mesmo que você não tenha um produto desse ramo, e que o seu negócio seja de produto físico ou serviço, você pode também usar muitas das estratégias digitais para aumentar suas vendas. Afinal, não é possível pensar em construir um negócio nos dias de hoje que não esteja de alguma forma relacionado ou presente no ambiente digital.

Lembra quando falamos no início do livro, da importância de estudar e conhecer diferentes assuntos e habilidades dentro do empreendedorismo?

É exatamente isso que faço e que estou compartilhando com você.

Não sou o maior especialista em cada um desses negócios, o que logicamente seria impossível, mas tenho muito conhecimento e experiência em todos eles. E é essa soma e combinação que permite extrair o melhor de cada e criar um modelo, que é o meu ou o seu modelo.

É isso que te torna único e diferenciado no mercado, pela combinação de diferentes áreas e assuntos.

Não há necessidade de discussões sobre melhor ou pior modelo. Vejo muito isso nos dias de hoje, principalmente nas redes sociais. Pessoas falando mal de um outro modelo de negócio ou de outro profissional, Não há motivo para isso.

Há espaço, mercado e riqueza para todos. Vivemos em um mundo de abundância e não escassez, ao contrário do que muitos ainda acreditam.

Cerque-se dos melhores, tenha a mente aberta e aprenda sempre com todos, seja com os erros ou acertos.

Lição 12:
O modelo de fazer negócios está mudando

Chegamos talvez no ponto mais importante do livro e que eu faço questão de reforçar em muitas das minhas palestras. O mundo está mudando, e automaticamente, a forma de fazer e gerir negócios também.

É cada vez mais comum vermos novos negócios literalmente destruindo antigos e tradicionais mercados. Estruturas grandes e engessadas dando lugar para empresas abertas e livres.

O pequeno é o novo grande, o propósito é nova moeda.

Empreendedores conscientes já entenderam que o objetivo de construir um negócio é muito maior do que apenas gerar lucro.

O objetivo de um negócio é acima de tudo ajudar a resolver um problema da humanidade, ajudar a melhorar a vida das pessoas, seu país, sua cidade, é deixar um legado e uma influência positiva para esta e futuras gerações. Por isso, não é mais possível o empreendedor que quer iniciar um negócio pensar unicamente em que segmento ou negócio que terá melhor retorno. Quem pensa assim vai ser substituído em breve, é uma visão mesquinha e limitada não só sobre empreender, mas sobre vida.

Sua vida é acima de tudo o seu maior empreendimento. Por isso é importante antes de escolher o seu negócio, entender de fato qual é o seu real propósito de vida, que marca você quer deixar, qual sua missão. Quando você entende isso, passa a procurar negócios que estejam diretamente relacionados com esses objetivos e não apenas retorno financeiro. É o negócio que deve se adaptar a sua vida e não sua vida ao negócio.

Tenho muito claro que minha missão de vida é construir negócios de impacto, não qualquer negócio. Este é para mim o princípio inicial para avaliação de qualquer novo negócio: Ele vai gerar um impacto positivo no mundo? Não, então boa sorte, não tenho interesse, por melhor retorno que possa gerar, não está dentro dos meus critérios de vida.

O que não quer dizer que os negócios não devam gerar lucro ou retorno, muito pelo contrário, é indispensável que isso aconteça para qualquer negócio continuar de pé. O ponto é que esse não pode ser o critério número um ou único, isso sozinho não se sustenta.

Estamos preparados para a mudança?

Os últimos anos foram a prova de como a mudança na forma de trabalho pode assustar e até mesmo "cegar" sobre o que está acontecendo ao redor do mundo.

Não é questão da mudança ou disputa de uma empresa ou área, é questão da nova forma de construir negócios e consequentemente gerar novos trabalhos. É apenas a ponta do iceberg.

Mostrando cada vez mais que o sucesso do passado recente não é nenhuma garantia de sucesso presente ou futuro. Que estabilidade e segurança não existem mais, o tamanho da empresa não importa mais.

O diploma da faculdade que você tem precisa de outros elementos incorporados além do conhecimento teórico. A sociedade cada vez mais terá influência nas decisões e regulamentações, o conflito só favorece a inovação e a mudança. O que mais importa no final de tudo é sua capacidade e velocidade de ADAPTAÇÃO.

Exemplos de inovação

- A Netflix no Brasil acaba de ultrapassar o faturamento e audiência de grandes canais de tv aberta do país. O resultado é que se tornou alvo das próprias emissoras e órgãos de regulamentação. Ganhando cada vez mais espaço na mídia, seguidores, assinantes, faturamento e participação no mercado.

- O Whatsapp cada vez mais vem tirando receita de operadoras de telefone e mudando a própria forma tradicional de venda dos seus serviços, tornando-se assim também alvo das próprias operadoras e órgãos de regulamentação. Cada vez que isso acontece, mais espaço na mídia, usuários e participação no mercado ela ganha.

- O Uber faz a mesma coisa com o mercado de táxi no Brasil. A cada protesto dos taxistas, mais aumenta a divulgação do Uber. A inovação é o novo herói do momento e qualquer coisa que se coloque contra será o vilão.

- Airbnb causou esse impacto no mercado hoteleiro. A maior rede de hotéis do mundo que nunca construiu um único hotel e naturalmente gera revolta por aqueles que tiveram que gastar muito cimento e dinheiro para isso.

Novos exemplos não param de surgir, nas mais diferentes áreas.

A reflexão que fica é: Quando a mudança chegar (se é que não chegou ainda e você não percebeu) no seu trabalho, na sua área... você estará preparado ou vai querer remar contra a maré também? QUANDO e não SE chegar. E o que você está fazendo hoje para se adaptar a ela? É muito provável que você tenha até mesmo que mudar de profissão, de trabalho ou o seu negócio completamente.

Se você ainda acha que se formou para atuar em uma profissão e vai viver ela para o resto de sua vida, pode estar enganado. Naturalmente vamos mudar algumas vezes de trabalho e até de área ao longo das próximas décadas, isso é um processo natural da inovação e do modelo de economia que estamos vivendo.

Com isso voltamos ao que já falei, quanto mais habilidades e conhecimentos complementares tivermos, mais fácil será essa transição.

Provavelmente, daqui a 5 ou 10 anos atuarei em áreas completamente diferentes das que atuo hoje e já preciso começar a pensar nisso agora.

As maiores editoras não produzirão livros. O maior banco não terá agência. A maior universidade não terá paredes.

Tudo será liderado por pessoas fora da sua área de atuação e formação.

"Ah, mais na minha área isso não acontece..."

Quem imaginaria que uma classe bastante conservadora, protegida por "regras", passada de pai para filho, sem nenhuma interferência com o mundo digital, poderia passar pela maior transformação de sua história pela internet?

Não existe mais distinção entre o mundo online e o físico. O online muda a forma como as pessoas e empresas se relacionam, prospectam e fazem negócios. E isso vale para qualquer área.

Bancos, universidades e todos os "tradicionais" mercados que se cuidem (quem trabalha neles também), é apenas o começo e temos a grande oportunidade de fazer parte dessa história (como heróis ou vilões).

Destrua seu próprio negócio

É por isso que costumo dizer que nós precisamos sempre tentar destruir o nosso próprio negócio. Parece estranho isso?

Pois é, o seu negócio vai mudar, isso é fato, o mundo está mudando a uma velocidade muito rápida.

Então é melhor que você mesmo destrua o seu negócio do que um terceiro ou concorrente.

Quando falo em destruir seu próprio negócio me refiro a sempre tentar buscar novas soluções e pensar um pouco à frente em o que pode acontecer com seu empreendimento.

Vamos a um exemplo prático.

O Uber é hoje, enquanto escrevo esse livro, uma das startups em maior evidência e valor no mercado. Inovou o mercado e está incomodando muitos taxistas tradicionais.

Aqui já temos uma primeira observação.

Lição 12: O modelo de fazer negócios está mudando

Poucos anos antes, estamos falando de dois ou três anos, surgiram as startups de táxi que inovaram o mercado. Uma empresa de fora logo em seguida cria uma solução que coloca em risco uma recente inovação, que poderia ter sido evitada se elas mesmas tivessem tentado destruir o seu próprio negócio de táxi.

Perceba a velocidade da mudança, estamos falando em menos de 5 anos. E que impacto isso pode causar.

Agora imagine em empresas antigas e tradicionais de 10, 20 ou 50 anos? Se não mudarem, vão morrer pelo caminho, isso é fato.

Voltando a nosso exemplo, o Uber que inovou no mercado de transporte criando uma nova categoria de trabalho, já está desenvolvendo uma solução que poderá destruir o seu próprio negócio. Eles já entenderam que em um futuro próximo não haverá mais necessidade de dirigirmos os carros, pois os carros autônomos serão uma realidade e já estão em desenvolvimento por grandes empresas de tecnologia, como o carro inteligente desenvolvido pela Google.

Se não haverá mais necessidade de motorista, automaticamente a função do motorista do Uber desaparecerá. E o Uber sabe que não precisa esperar isso acontecer para tomar alguma providência. Não precisa esperar algum *player* do mercado destruir o seu negócio, porque ela mesmo já está criando soluções nas quais poderemos usar o conceito de economia compartilhada para carros autônomos. Posso continuar pedindo carros pelo aplicativo, mas serão carros autônomos que me levarão ao meu destino. Talvez não terei mais necessidade de ter um carro próprio, já que o mesmo carro poderá ser compartilhado com diferentes pessoas, o que impactará drasticamente na indústria automobilística. Também não precisaria mais dirigir, então poderia usar esse tempo para produzir e trabalhar, o que muda o próprio formato e função do automóvel.

Energia? A empresa americana já mostra que carros elétricos podem sim ser uma realidade e eliminar mais uma grande e tradicional indústria mundial, a de petróleo.

Todas essas mudanças podem levar tempo, claro. Mas não me surpreenderia se esse tempo for muito menor do que podemos imaginar. O intervalo de tempo para inovações e tecnologia está cada vez menor.

Tentei dar um pequeno exemplo destrinchando algumas possíveis mudanças do mercado de transporte em um médio espaço de tempo. Agora pense que isso pode ser aplicado em qualquer área e mercado. E que isso já está acontecendo!

Novamente, reforço, destrua seu negócio antes que alguém o faça.

Economia Compartilhada

Outra grande característica das mudanças que estamos vivendo no empreendedorismo é o grande impacto que o conceito de economia compartilhada está trazendo.

Cada vez será menos importante ter a posse de algum bem físico, sendo a experiência e o uso o valor de fato.

Muitas empresas de produtos se transformarão em empresas de serviço e venderão a experiência e não a posse de um bem. Mediante um pequeno valor por utilização ou assinatura mensal, o consumidor comprará aquilo que sempre buscou, o benefício.

Quando você compra uma furadeira não está comprando o aparelho em si, e sim uma solução para furar a parede. Esse exemplo é clássico e sempre foi utilizado em treinamentos de vendas. A diferença é que agora não precisaremos mais usar isso apenas como argumento para vender a furadeira, de fato vamos vender o buraco.

Não preciso ter a posse do equipamento, posso apenas utilizá-lo em um determinado espaço de tempo.

Exemplos de empresas que utilizam esse conceito não faltam, a economia compartilhada já está presente em automóveis, imóveis, produtos e bens de luxo, materiais diversos, equipamentos, estruturas físicas e por aí vai.

Pesquisas já mostram, por exemplo, que o número de jovens que buscam a carteira de motorista quando completam 18 anos diminui a cada ano. A nova geração já está crescendo dentro do conceito de experiências.

Lição 12: O modelo de fazer negócios está mudando

Inclusive, a própria ciência também já mostra que as experiências contribuem muito mais para nossa felicidade do que a compra de um produto.

Motivos não faltam para o avanço cada vez maior desse mercado, nova consciência da geração atual, preocupação com o impacto do meio ambiente, custo menor, experiência melhor, tudo isso contribui para este modelo.

Fique atento a isso e entenda, antes que algum terceiro o faça, como você pode aproveitá-lo em seu negócio ou segmento.

Lição 13:
Educação Financeira para Empreendedores

Muito falamos no livro *O Que A Escola Não nos Ensina* sobre educação financeira e suas finanças pessoais. Mas como conciliar isto com o empreendedorismo? Como aplicar educação financeira dentro de meu negócio?

Vou compartilhar com você algumas de minhas experiências práticas a respeito:

Começando o negócio: É muito comum novos empreendedores ao iniciarem seus negócios acharem que precisam de um alto investimento para sua organização, o que já falamos bastante. Definitivamente você não precisa! Esqueça qualquer coisa que possa gerar um alto custo fixo para você no início do empreendimento. Muitos negócios quebram nos seus primeiros meses ou anos de vida por não darem conta da manutenção de suas caras estruturas. O seu objetivo no início de um novo negócio não é ganhar dinheiro, é se manter. Se você conseguir atingir seu ponto de equilíbrio, onde as receitas do empreendimento pelo menos são iguais às despesas dele, você dará um grande passo e estará à frente de muitos negócios, acredite. Você não faz ideia do peso e da pressão que é ter contas para pagar todo começo do mês sem perspectiva de receita.

Cortando as despesas

Os conceitos seguem os mesmos princípios para seu empreendimento. A conta básica de **receitas – despesas = lucro (=ou < que 0)** é a mesma, ou você aumenta as receitas ou diminui as despesas, não existe fórmula mágica por aqui. Como as receitas no começo de um negócio são bastante imprevisíveis, você muitas vezes não tem controle sobre elas. Depende do mercado, da economia, do cliente pagar em dia, do fechamento de um pedido e etc. A única coisa que você consegue ou deveria conseguir no início de um negócio é ter controle sobre suas despesas. Estas só dependem de você. Não é possível aumentar as receitas de um dia para o outro, mas é possível diminuir as despesas.

Digo isto por experiência própria, você acha que não pode diminuir suas despesas até o dia que não tiver escolhas, e terá que diminuí-las. Já tive custo fixo de empresa de 40 mil por mês que reduzi pela metade e depois novamente pela metade, sem comprometer o negócio.

Se me perguntasse no início, se era possível diminuir aqueles 40 mil, diria que não seria impossível, tiraríamos alguma coisa indispensável e prejudicaria o negócio. Mas estava errado, não só era possível como era necessário e saudável para o próprio negócio.

Os dois maiores custos que o negócio tinha era com estrutura física e pessoas. E os dois estavam totalmente interligados, a estrutura era cara para comportar a quantidade de pessoas, que era alta, para compor aquela estrutura.

Não é fácil precisar cortar pessoas, é uma experiência importante, mas nem um pouco agradável. Ainda mais quando você sabe da qualidade do profissional em questão. Por isso, para passar por menos situações como esta, menos porque será inevitável passar, mantenha menor o quadro de pessoas necessárias para desenvolver o seu negócio. Uma das grandes vantagens de se contar com mão de obra terceirizada ou prestadores de serviço é justamente o momento do corte. É muito mais fácil você negociar e reduzir um contrato de prestador de serviços, do que de um funcionário, o que é inclusive proibido por nossa própria legislação. Além claro, do maior problema que é alta carga tributária que todos sabemos, mas só quando de fato pagamos sentimos de fato, tanto para manter como para desligar um funcionário no Brasil.

Portanto, no início do negócio, trabalhe com uma realidade enxuta, com menor custo e investimento de acordo com a estrutura e a quantidade de pessoas que realmente é indispensável para desenvolver o seu empreendimento. Uma alternativa muito comum em startups para formação de equipe inicial, além dos sócios que devem complementar diferentes atividades, é buscar profissionais multitarefas. Nesse momento você não poderá contar com um profissional para cada área da empresa, por isso, a pessoa que tiver um pouco de conhecimento em diferentes áreas e que puder desempenhar mais de uma função neste primeiro momento, será o funcionário ideal para seu novo negócio em fase inicial.

Aluguel

A primeira reflexão necessária é se você realmente precisa de um espaço próprio neste primeiro momento. Se é possível iniciar as atividades na própria casa, ou aproveitar um espaço disponível do escritório de algum conhecido, ou até mesmo buscar opções de escritório virtual e coworking, muito utilizado por startups, onde você paga uma taxa proporcional ao uso que você fizer do espaço.

Se realmente, nenhuma destas possibilidades foram possíveis para o desenvolvimento de seu negócio, repetindo, *para o desenvolvimento de seu negócio*, não para sua satisfação pessoal ou ego. Alguns cuidados com a busca de um aluguel próximo são importantes:

Busque um local próximo de sua casa, considere o custo de deslocamento ou transporte diário e o tempo gasto, principalmente no início do negócio.

Se possível, saia das zonais centrais. Se o seu negócio não depende de localização geográfica, buscar opções periféricas pode reduzir bastante o valor do aluguel.

- **Contrato de locação:** Submeta o contrato de locação para a análise de um advogado. O preço e a dor de cabeça que você pode passar em função de cláusulas e condições mal negociadas, pode ser muito alto. Fique atento com a duração do contrato, reajuste de aluguel e vistoria inicial do imóvel. Não esqueça que você precisará entregá-lo nas mesmas condições contratadas, portanto quanto menos alterar, menos trabalho terá se precisar entregar as chaves. Observe também as condições para rescisão do contrato e multa antes da data ajustada, caso tenha algum problema e precise desocupar ou mudar de endereço, qual o custo que terá com isso?

- **Pechinche:** Como a quantidade de imóveis, principalmente comerciais, disponíveis no Brasil é bastante grande, o índice de desocupação também é bastante alto. Portanto use o fator da oferta e demanda a seu favor e negocie o máximo que puder o valor do aluguel e alguma carência ou benefício nos primeiros meses, isso é bastante comum, para quem pede, claro.
- **Estrutura Física:** Gaste o menos possível em estrutura física no início de seu negócio. Se você não depende dela para recepcionar e atender clientes, pode considerar como um passivo. Isso não vai trazer dinheiro para sua empresa e também não vai agregar valor para ela. Já falamos que estamos na era da informação e conhecimento, o principal valor de uma empresa hoje é intangível.

Equipe

Para reforçar:

- Equipes multitarefas.
- Envolva a equipe inicial na construção de seu negócio e no seu potencial de crescimento, com valor fixo mais baixo e um variável ou até mesmo participação no negócio.
- Analise as opções de mão de obra específica ou sazonal com prestadores de serviço e terceirizados.
- Invista em novos talentos. Ter um bom relacionamento com universidades próximas, pode ser uma ótima fonte para formação de novos talentos e custo fixo menor para você.
- Automatize o máximo que puder seu negócio, para não depender de terceiros ou mão de obra qualificada.

Investimento em Marketing

Você começará a investir em marketing somente após ter validado sua ideia e passado pelas etapas que listamos acima.

No momento da expansão esta será sua maior ferramenta. Marketing eficiente não é custo.

Ao contrário do que muitos fazem, você vai reduzir todos os custos não estratégicos de sua empresa, ou seja, custos que não geram receita para seu negócio. E cada vez mais aumentar os custos estratégicos, os que geram receita para sua empresa. Marketing bem-feito e mensurado está dentro de seus custos hábeis, que vai abrir novos canais, portas, clientes e valorizar seu maior ativo, sua marca!

Crescimento

Se você não optou pela busca de investidor para esta fase, vai investir com recursos próprios de sua receita recorrente. Isto significa que você não vai crescer acima de seu ponto de equilíbrio atual. O seu crescimento orgânico será feito com sua própria receita, sem comprometer a estrutura de sua empresa. Crescer sem precisar aumentar sua estrutura é sinal que você agiu certo no que diz respeito à estruturação dos processos e automatização das tarefas.

Pró-labore

Você quer ser um empreendedor-empregado ou um empreendedor-empreendedor? Seu negócio não é um cabide de emprego. Se quer um contracheque mensal recheado e garantido, volte ou fique no seu emprego tradicional. Empreendedor vive de dividendos e não de salário ou pró-labore. Os maiores CEOs do mundo têm pequenos salários e grandes participações no lucro da empresa. Seu pró-labore será o valor mínimo mensal para você se manter, e não enriquecer. Enquadre seu padrão de vida na realidade e estrutura de sua empresa, invista seu tempo e trabalho para ganhar dividendos e ou a própria venda de seu negócio.

Reinvestimento na empresa

Tenha consciência que nos primeiros 3 a 5 anos de seu empreendimento você investirá quase que integralmente no próprio negócio e não em você. Empreendedorismo é uma atividade de médio e longo prazo, se você pensa em enriquecer ou ganhar em curto prazo, este negócio não é para você. Também não trabalha por dinheiro, a maior motivação de um empreendedor de sucesso é ver o seu sonho, negócio, empreendimento e ativo, crescer. E para ele crescer vai ser preciso colocar muito adubo em investimento financeiro e de tempo.

Cortando custos sempre

Sua missão será cortar custos todos os dias. Você já viu que eles sempre poderão ser reduzidos. Esta deve ser uma obsessão do empreendedor, literalmente. Observe a estratégia implantada pelo homem mais rico do Brasil, Jorge Paulo Lemann, e todo o sucesso de seus empreendimentos e equipe. Sua estratégia está totalmente centrada em redução de custos e meritocracia com as pessoas de sua equipe que contribuem com esta estratégia.

Acompanhe a saúde financeira de sua empresa

Para conseguir cortar os custos, você terá que ter total controle, acesso e organização nas finanças de sua empresa. Você vai dar o aval final, você vai assinar o cheque, você é o responsável pela chave do cofre. Todos os meses tenha todas as informações sobre as finanças e saúde de seu negócio na ponta da língua. Existem diversos programas, gratuitos inclusive, que poderão ajudá-lo a controlar as finanças, gerando relatórios e gráficos bastante interessantes.

Impostos

Muitos confundem sonegar impostos com estratégias tributárias. Sonegar impostos é crime! Sim, sabemos de todas as elevadíssimas obrigações tributárias que temos no Brasil e o péssimo serviço oferecido em troca, mas isso não justifica simplesmente não pagar impostos. Devemos reivindicar reformas tributárias e mudanças, mas enquanto isso não acontece e se você quiser ser empreendedor, vai ter que pagar o preço. O preço da sonegação, além de antiético, é altamente caro e perigoso, para você e para seu negócio.

O que você deve fazer é investir em bons contadores e assessores, ou até mesmo estudar sobre isso, para buscar alternativas inteligentes de pagar menos impostos. Existem diversos instrumentos legais que você pode utilizar para economizar, mas para isso é preciso ter conhecimento. Por isso a importância de bons profissionais desta área. Sua contabilidade não serve apenas para mandar os balanços de sua empresa, busque uma contabilidade que realmente preste total assessoria para você e explore ao máximo todas as possibilidades legais para seu negócio.

Seus contratos e o setor jurídico

Falamos de contabilidade e não poderíamos deixar de falar do setor jurídico que é tão importante quanto. Uma boa assessoria jurídica pode representar o sucesso ou fracasso de seu negócio, simples assim. Infelizmente, vivemos cercados de muitas pessoas que tentam se aproveitar de toda e qualquer situação em busca de dinheiro fácil. Qualquer brecha que você der para tal atitude e sem o amparo de um bom jurídico, pode comprometer diretamente seu negócio.

Compras

Gastos pequenos, mas que muitas vezes acabam sendo negligenciados por muitos empreendedores. Quem é o responsável por compras em sua empresa? Cuidado com aquela conversa fiada que tudo é urgente e importante, precisa para ontem ou é indispensável. Se você é o responsável pela canetada final, pergunte pelo menos três vezes "Por que precisa disso?". O simples fato de ter uma pequena barreira para comprar qualquer coisa e a necessidade de argumentação ou fatos que comprovem sua real utilidade, elimina, em grande parte, os pedidos desnecessários. Tudo o que é muito fácil, vai fácil. Crie esta cultura desde o início de seu empreendimento para evitar o desperdício. O que mais se vê na maioria das empresas, e comigo não foi diferente, são recursos jogados literalmente no lixo.

Excesso de impressão de material gráfico em materiais de escritório, impressões gerais, computadores e eletrônicos, móveis, viagens, gastos com telefonia e energia, e a conta não termina...

A pessoa responsável pelas compras deve ser um ótimo negociador, aquele cara com perfil jogo duro. Não estou querendo dizer que você vai construir uma ditadura, um exército dentro de sua empresa, não é isso. Mas infelizmente é preciso muito controle e firmeza nesta área, principalmente no início do negócio. Qualquer pequeno deslize pode ser fatal. E como sabemos que grande parte da população não aprendeu sobre educação financeira, não sabe lidar com seu próprio dinheiro e vive endividada, o que dirá com o dinheiro dos outros.

Lembre sempre do conceito de custos estratégicos e custos não estratégicos. Os primeiros são todos aqueles que vão gerar receita para sua empresa: comercial, marketing eficiente, produção, etc. Custos não estratégicos são todos aqueles que não vão gerar receita direta para o negócio: custos administrativos, escritório, etc. Estes não tenha dó de eliminar ou reduzir ao máximo!

Dívida boa e dívida ruim

O mesmo conceito aplicado em educação financeira pessoal, vale para o endividamento do empreendimento, com a diferenciação entre dívida boa e dívida ruim. É natural e até mesmo saudável um pequeno percentual de endividamento da empresa, desde que este seja com o objetivo de gerar ainda mais receita para ela. Dívida boa é aquela que vai gerar receita no caixa (ativo), dívida ruim é aquela que vai apenas tirar dinheiro do caixa (passivo).

Voltemos a nosso exemplo do escritório comercial ou estrutura física. O endividamento para decorar, mobiliar ou reformar seu escritório administrativo não vai gerar receita direta para a empresa. Agora um endividamento para compra de uma nova máquina que vai acelerar a produção ou reduzir custos, uma nova tecnologia que vai melhorar ou fornecer novos produtos, isto é uma dívida boa, um ativo, que vai gerar mais receita para sua empresa. Muitas vezes para empresas saudáveis, com um bom equilíbrio financeiro e com acesso a linhas de crédito especiais para investimento, como o próprio BNDES, existem inúmeras vantagens e facilidades para a busca desta dívida boa, que muitas vezes pode ser melhor inclusive do que utilizar dinheiro em caixa, mesmo que tenha, dependendo das condições da proposta para você não imobilizar o valor em caixa.

Investimento do empreendedor em outras áreas

(renda fixa-variável)

Não podia deixar de dar uma lasquinha sobre educação financeira pessoal do próprio empreendedor. O objetivo do empreendedor que inicia um novo negócio é total foco e investimento no seu empreendimento, algo natural. Neste momento ele abre mão de diversas coisas, vende carro, casa, diminui seu custo de vida, corta viagens e lazer, tudo para conseguir construir seu grande sonho e futuramente, seu ativo. No momento em que o empreendimento começa a se estabilizar e gerar lucro financeiro e ainda um percentual de reinvestimento no próprio negócio, o empreendedor deve sim pensar em outras alternativas de investimento para diversificar seu portfólio. Alias não só o empreendedor, como a própria empresa que estiver nestas condições, pode ter aplicações e investimentos financeiros mais conservadores.

É claro que deve se ter o cuidado para não perder o foco de atuação, tanto do empreendedor, como da empresa, por isso contar com profissionais qualificados para esta assessoria é fundamental. Mas seu futuro financeiro não pode depender apenas de um único empreendimento, o risco seria muito alto, caso ocorresse uma mudança na economia, uma crise no setor, no país, no mundo, ou qualquer outro acontecimento que pudesse afetar o seu negócio direta ou indiretamente.

O empreendedor constrói negócios para alavancar seu patrimônio, para gerar dividendos e ou *equity*, para que com esse dinheiro possa investir seu capital com o equilíbrio.

Acredito que o empreendedorismo é o melhor caminho para construção de riqueza, não por acaso as maiores fortunas foram construídas assim. A velha forma de educação financeira, de apenas poupar um pequeno valor por mês, durante 15, 20 ou 30 anos começa a não fazer mais sentido, principalmente no cenário econômico que vivemos.

Você precisará, inevitavelmente, se quiser construir um grande patrimônio, utilizar o empreendedorismo para isso e em seguida, com sua educação financeira, conseguir multiplicar ou manter seu capital em fontes de investimento mais tradicionais, como renda fixa.

Lição 14:
Hora de colocar em prática

É hora de colocarmos em prática tudo que você aprendeu até aqui. Como sempre digo, empreendedorismo se aprende fazendo na prática. Não sendo uma ciência exata, tem infinitas variáveis que você só poderá conhecer estando dentro da pista, de fato empreendendo.

Como em todo negócio que desenvolvi, o dia a dia foi o maior de todos os professores e MBAs. Acredito no conceito de educação continuada, onde aprendemos conceitos e estratégias, o que é muito importante, mas imediatamente aplicamos na prática, testando, errando e aprendendo ainda mais. Isso é um processo sem fim.

O verdadeiro MBA do Empreendedor não termina nunca, tampouco oferece um certificado de conclusão de curso. Minha proposta, como em todos os materiais que produzo, não é dar as respostas finais, até porque não acredito nesse processo de educação. Aprendemos com perguntas. Meus maiores mentores foram aqueles que me fizeram muitas perguntas e me deixaram com ainda mais dúvidas e não aqueles que de alguma forma tentaram passar respostas e fórmulas prontas. Isso não existe!

Você precisa dar o primeiro passo, precisa entrar no jogo e somente este processo lhe mostrará respostas e mais dúvidas, caminhos e novas possibilidades. Muitos dos negócios que criei surgiram após um fracasso ou negócio que não deu certo, logo se não tivesse começado nunca teria chegado até eles.

Certa vez ouvi o comentário de um jovem que queria empreender, mas tinha medo.

Respondi com outra pergunta: "E você acha que eu não tenho?"

Ter medo é algo natural do ser humano, todos nós tememos o que é desconhecido e incerto, a diferença é que alguns se deixam paralisar por isso, enquanto outros vão em frente.

Por isso insisto em dizer que a inteligência emocional é uma das mais importantes habilidades de um empreendedor, muito mais do que técnicas ou teorias. Você precisa estar preparado para errar, para fracassar e entender de uma vez por todas que isso é um processo natural do caminho. Quanto antes você fizer, melhor.

Sua formação empreendedora está apenas começando.

Conte comigo nesta caminhada.

> *"Se plano de negócio e planejamento estratégico funcionasse, todo orientador de TCC seria bilionário."*
> **Marcelo Peruzzo**

Grupo fechado no Facebook: MBA Empreendedor

Para você que chegou até o final desse livro, tenho mais uma surpresa. Mas atenção, não vou divulgar isso em nenhum outro lugar além desta nota no livro, espero que você também não.

Criei um grupo fechado no Facebook para continuarmos a interagir e conhecer novos empreendedores.

Acesse: https://www.facebook.com/groups/mbaempreendedor/

Lembrando, não divulgue este link para ninguém. O objetivo é que apenas aqueles que chegarem ao final do livro tenham acesso a ele, evitando assim aqueles que não estão alinhados com nossa proposta ou realmente comprometidos.

Divulgue o livro e não o grupo, quem chegar até aqui, saberá naturalmente.

Vamos criar uma comunidade de empreendedores.

Conheça outros produtos de João Cristofolini

Livro *O Que a Escola Não nos Ensina*: Sete habilidades essenciais para uma vida de sucesso que você não aprende na escola. Você verá o que mais de 15 anos de vida escolar e universitária não te ensinaram. Baixe o 1º capítulo gratuito no site: **www.escolanaoensina.com.br**.

Mentoria: Individual ou em grupo para você que precisa de um acompanhamento para sua evolução como pessoa e empreendedor.

Consultoria: Exclusivamente para empresas que desejam crescer ou alavancar seus negócios.

Palestras: Informação e inspiração de forma inovadora, atualizada, com novos conceitos, uma linguagem jovem e direta ao ponto, sem enrolação. Ideal para convenções, congressos e eventos corporativos.

Master Mind: Um grupo seleto de empreendedores interessados em se desenvolver e tirar suas ideias do papel.

Informações: www.joaocristofolini.com.br

Ouça meus podcasts: "Dose de Insight" e "ResumoCast"

Me acompanhe também pelas redes sociais:

Facebook – Linkedin – Instagram – Twitter (João Cristofolini)

Se preferir escreva diretamente para: **contato@joaocrsitofolini.com.br**

CONHEÇA OUTROS LIVROS DE NEGÓCIOS!

Negócios - Nacionais - Comunicação - Guias de Viagem - Interesse Geral - Informática - Idiomas

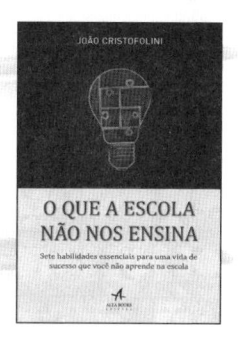

Todas as imagens são meramente ilustrativas.

SEJA AUTOR DA ALTA BOOKS!

Envie a sua proposta para: autoria@altabooks.com.br

Visite também nosso site e nossas redes sociais para conhecer lançamentos e futuras publicações!

www.altabooks.com.br

/altabooks ▪ /altabooks ▪ /alta_books

ALTA BOOKS
EDITORA

Este livro foi impresso nas oficinas gráficas da Editora Vozes Ltda.,
Rua Frei Luís, 100 – Petrópolis, RJ.